Grundwissen Sachenrecht II

- Immobiliarsachenrecht -

Hemmer/Wüst/d'Alquen

Hemmer/Wüst Verlagsgesellschaft

Hemmer/Wüst/d'Alquen, Grundwissen Sachenrecht II
Immobiliarsachenrecht

ISBN 978-3-86193-833-0
7. Auflage 2019

gedruckt auf chlorfrei gebleichtem Papier
von Schleunungdruck GmbH, Marktheidenfeld

VORWORT

Das vorliegende Skript ist für Studenten in den ersten Semestern gedacht. Gerade in dieser Phase ist es sinnvoll, bei der Wahl der Lernmaterialien den richtigen Weg einzuschlagen. Auch in den späteren Semestern sollte man in den grundsätzlichen Problemfeldern sicher sein. Die „essentials" sollte jeder kennen.

In diesem Theorieband wird Ihnen das notwendige Grundwissen vermittelt. Vor der Anwendung steht das Verstehen. Leicht verständlich und kurz werden die wichtigsten Rechtsinstitute vorgestellt und erklärt. So erhält man den notwendigen Überblick. Klausurtipps, Formulierungshilfen und methodische Anleitungen helfen Ihnen dabei, das erworbene Wissen in die Praxis umzusetzen.

Das Skript wird durch den jeweiligen Band unserer Reihe „die wichtigsten Fälle" ergänzt. So wird die Falllösung trainiert. Häufig sind Vorlesungen und Bücher zu abstrakt. Das Wissen wird häufig isoliert und ohne Zusammenhang vermittelt. Die Anwendung wird nicht erlernt. Nur ein Lernen am konkreten Fall führt sicher zum Erfolg. Daher empfehlen wir parallel zu diesem Skript gleich eine Einübung des Gelernten anhand der Fallsammlung. Auf diese Fälle wird jeweils verwiesen. So ergänzen sich deduktives (Theorieband) und induktives Lernen (Fallsammlung). Das Skript Grundwissen und die entsprechende Fallsammlung bilden so ein ideales Lernsystem und damit eine Einheit.

Profitieren Sie von der über 40-jährigen Erfahrung des Juristischen Repetitoriums hemmer im Umgang mit juristischen Prüfungen. Unser Beruf ist es, alle klausurrelevanten Inhalte zusammen zu tragen und verständlich aufzubereiten. Die typischen Prüfungsinhalte wiederholen sich. Wir vermitteln Ihnen das, worauf es in der Prüfung ankommt – verständlich – knapp – präzise. Erfahrene Repetitoren schreiben für Sie die Skripten. Das know-how der Repetitoren hinsichtlich Inhalt, Aufbereitung und Vermittlung von juristischem Wissen fließt in sämtliche Skripten des Verlages ein. Lernen Sie mit den Profis!

Sie werden feststellen: Jura von Anfang an richtig gelernt, reduziert den Arbeitsaufwand und macht damit letztlich mehr Spaß.

Wir hoffen, Ihnen den Einstieg in das juristische Denken mit dem vorliegenden Skript zu erleichtern und würden uns freuen, Sie auf Ihrem Weg zu Ihrem Staatsexamen auch weiterhin begleiten zu dürfen.

Karl-Edmund Hemmer & Achim Wüst

Inhaltsverzeichnis:

Die Zahlen beziehen sich auf die Seiten des Skripts.

§ 1 Einleitung

A. Systematische Einordnung des Sachenrechts

System des BGB

Das BGB ist in fünf Bücher aufgeteilt: Allgemeiner Teil, Schuldrecht, Sachenrecht, Familienrecht und Erbrecht. 1

Der Allgemeine Teil enthält Normen, die, wie der Name schon sagt, für alle anderen Bücher ebenfalls gelten. Mathematisch gesprochen sind die Normen dieses Teils quasi vor die Klammer gezogen worden.

„lex-specialis-Grundsatz"

Es gibt aber in den anderen Büchern Spezialregelungen, die der jeweiligen Materie besser gerecht werden. Dann müssen die Regeln des Allgemeinen Teils hinter diesen zurückstehen. Damit haben Sie bereits einen wichtigen Grundsatz kennen gelernt:

Die speziellere Norm verdrängt die allgemeinere, lex specialis derogat legi generali. Dieses System gilt aber nicht nur für das BGB als Ganzes, sondern auch für jedes einzelne Buch.

Das dritte Buch des BGB, das Sachenrecht, ist in den §§ 854 bis 1296 BGB geregelt.

Definition Sachenrecht

Das Sachenrecht ist die Gesamtheit der Regelungen von dinglichen Rechtsverhältnissen.

Das vorliegende Skript beschäftigt sich mit den Rechten an unbeweglichen Sachen, dem Immobiliarsachenrecht.

hemmer-Methode: Hier noch ein paar Anmerkungen zum Umgang mit dem Skript:
1. Sofern Normen zitiert werden, sollten Sie diese lesen.
2. Soweit in ihrem Bundesland erlaubt, sollten Sie sich im Folgenden behandelten Tatbestandsmerkmale und Rechtsfolgen im Gesetz z.B. durch Unterstreichen kenntlich machen. Belasten Sie Ihren Kopf nicht unnötig mit sturem Auswendiglernen. Der Gesetzeswortlaut ist immer Ausgangspunkt für das juristische Arbeiten. In einer Prüfung ist das Gesetz das einzige Hilfsmittel, auf das sie zurückgreifen können (und auch sollten). Nutzen Sie es!

B. Grundbegriffe des Sachenrechts

I. Sache

Sache = körperlicher Gegenstand, § 90 BGB

Eine **Sache** ist ein **körperlicher Gegenstand**, **§ 90 BGB**. Gegenstand ist alles, was Objekt von Rechten sein kann. Körperliche Gegenstände müssen im Raum **abgrenzbar** sein, entweder durch eigene körperliche Begrenzung, durch Fassung in einem Behältnis oder sonstige künstliche Mittel wie Grenzsteine oder Einzeichnungen in Karten. 2

Daher sind Allgemeingüter wie freie Luft und fließendes Wasser keine Sachen i.S.d. § 90 BGB.

Keine Sachen sind außerdem das Licht, die elektrische Energie, Computerdaten und Computerprogramme, wohl aber deren Verkörperung in einem Datenträger.

Gemäß § 90a S.3 BGB sind Tiere den Sachen i.S.d. § 90 BGB gleichstellt.

Bewegliche Sache

Eine **bewegliche Sache** meint **beweglich im Rechtssinne**. Beweglich ist jede körperliche Sache, die nicht Grundstück, den Grundstücken gleichgestellt oder Grundstücksbestandteil (§§ 93 bis 96 BGB) ist. 3

Unbewegliche Sache

Unbewegliche Sachen sind daher Grundstücke oder Grundstücksbestandteile i.S.d. §§ 93 bis 96 BGB. 4

> *Beispiele für wesentliche Bestandteile eines Grundstücks sind Gebäude (§ 94 I S.1 BGB) oder Pflanzen (§ 94 I S.2 BGB).*

hemmer-Methode: Aus diesem Grund kann ein Gebäude nicht unabhängig vom Grundstück übertragen werden. Das Gebäude ist nicht sonderrechtsfähig.

Was wesentliche Bestandteile einer beweglichen Sache sind, richtet sich nach § 93 BGB. Demnach kommt es darauf an, ob der Bestandteil nicht von der Sache getrennt werden kann, ohne dass der eine oder der andere zerstört oder in seinem Wesen verändert wird. Wesentliche Bestandteile sind nicht sonderrechtsfähig, d.h. an ihnen können keine eigenen Rechte bestehen. 4a

> **Bsp.:** *Keine wesentlichen Bestandteile einer Sache (§ 93 BGB) sind Motor oder Reifen des Autos, da diese austauschbar sind, ohne dass weder die eine noch die andere Sache beschädigt wird oder die jeweiligen Sachen ihre Selbständigkeit verlieren. Dagegen ist der Lack auf dem Chassis des Fahrzeugs wesentlicher Bestandteil.*

II. Dingliches Recht

Begriff „dingliches Recht“

Ein dingliches Recht ist ein gegenüber jedermann wirkendes Herrschaftsrecht (absolutes Recht), das sich auf eine Sache bezieht. Dabei unterscheidet man das Vollrecht (Eigentum) und beschränkt dingliche Rechte (Verwertungs- und Nutzungsrechte, z.B. Pfandrechte einerseits und Nießbrauch, Dienstbarkeiten etc. andererseits). Der dinglich Berechtigte kann beeinträchtigende Einwirkungen Dritter ausschließen. 5

III. Eigentum

Legaldefinition des Eigentums in § 903 BGB

Eigentum ist das Recht, mit einer Sache nach Belieben zu verfahren und andere von jeder Einwirkung auszuschließen, § 903 BGB. Das Privateigentum als Rechtsinstitut ist durch Art. 14 I S.1 GG verfassungsrechtlich gewährleistet (Institutsgarantie). 6

Das Eigentum ist das **umfassendste dingliche Herrschaftsrecht** an körperlichen Gegenständen. Es umfasst **sowohl** die **Nutzung als auch** die **Verwertung** der Sache.

Beschränkt dingliche Rechte

Alle anderen dinglichen Rechte sind daher nur Abspaltungen, „Splitter“, des Eigentumsrechts, da sie nur ein Teilrecht des umfassenden Eigentumsrechts gewähren. Deswegen werden sie unter dem Begriff beschränkte dingliche Rechte zusammengefasst.

Eigentum kann sowohl an beweglichen als auch an unbeweglichen Sachen bestehen.

IV. Pfandrechte

Pfandrecht = Verwertungsrecht

Pfandrechte geben dem Pfandgläubiger ein dingliches **Verwertungsrecht** an einer Sache. Pfandrechte gewähren dagegen kein Nutzungsrecht. 7

Pfandrechte gibt es nicht nur an beweglichen, sondern auch an unbeweglichen Sachen.

Bsp.: Faustpfandrecht an beweglichen Sachen, §§ 1204 ff. BGB, Hypothek als Grundpfandrecht an Grundstücken, §§ 1113 ff. BGB.

V. Besitz

Besitz = anerkannte tatsächliche Sachherrschaft

Besitz ist die tatsächliche Herrschaft einer Person über eine Sache, also kein Rechts- sondern ein **tatsächliches Verhältnis**, das von einem natürlichen Besitzwillen getragen wird, § 854 I BGB. 8

VI. Verpflichtungs- und Verfügungsgeschäft

Definition Verpflichtungsgeschäft

Verpflichtungsgeschäft (auch Kausalgeschäft oder causa) ist das schuldrechtliche Grundgeschäft, welches Rechtsgrund für die Erfüllung ist. 9

Durch das Verpflichtungsgeschäft, das in der Regel ein Vertrag ist, aber auch ein einseitiges Rechtsgeschäft sein kann, entsteht ein Schuldverhältnis.

***Bspe. für Verpflichtungsgeschäfte:** Kauf, Schenkung*

Definition Verfügung

Verfügung (auch Erfüllungsgeschäft oder Verfügungsgeschäft) ist ein Rechtsgeschäft, das darauf gerichtet ist, die dingliche Rechtslage unmittelbar zu ändern i.S.e. Bestellung, Aufhebung, Übertragung, Belastung oder sonstiger inhaltlicher Änderung.

***Bspe. für eine Verfügung:** Eigentumsübertragung nach § 929 S.1 BGB oder §§ 873, 925 BGB, Bestellung eines Pfandrechts z.B. nach den §§ 1204 ff. BGB, Übertragung einer Forderung nach § 398 S.1 BGB (die Rechtsinhaberschaft an der Forderung wird übertragen).*

hemmer-Methode: Das letzte Beispiel (Abtretung, § 398 BGB) zeigt, dass Verfügungen nicht ausschließlich im Sachenrecht geregelt sind, sondern auch im Schuldrecht vorkommen können.

C. Prinzipien des Sachenrechts

I. Abstraktionsprinzip

Abstraktionsprinzip

Das Abstraktionsprinzip besagt, dass Verpflichtungs- und Verfügungsgeschäft grundsätzlich in ihrem Bestand unabhängig voneinander sind. 10

Das bedeutet, dass das Erfüllungsgeschäft trotz eines Mangels des Verpflichtungsgeschäftes wirksam ist. Dann ist gegebenenfalls an eine Rückabwicklung nach den §§ 812 ff. BGB zu denken

hemmer-Methode: „Abstrakt“ kommt vom lateinischen „abstrahere“ und bedeutet loslösen, „abstractus“ heißt also losgelöst.
Aus der Existenz des § 812 I S.1 BGB können Sie auf das Abstraktionsprinzip schließen. Denn § 812 I S.1 BGB verlangt als Tatbestandsvoraussetzung für die Rückabwicklung „ohne rechtlichen Grund“. Eben dieser Rechtsgrund ist das Grundgeschäft, die causa. Würden sich causa und Verfügung gegenseitig bedingen, bedürfte es dieser Rückabwicklung nicht. Dann wäre fehlender Rechtsgrund gleichbedeutend mit fehlgeschlagener Verfügung.

II. Trennungsprinzip

Trennungsprinzip

Nach dem Trennungsprinzip sind Verpflichtungs- und Verfügungsgeschäft in ihrem Bestand streng voneinander zu trennen. 11

Das Verpflichtungsgeschäft begründet nur die Verpflichtung zu einer Verfügung. Zur Erfüllung dieser Verpflichtung bedarf es eines gesonderten Vollzugsgeschäfts, dem Erfüllungsgeschäft (Verfügung).

> ***Bsp.:*** *Bei einem Kaufvertrag über ein Grundstück mit anschließender Erfüllung liegen vor:*
>
> *1. Kaufvertrag als Verpflichtungsgeschäft sowohl für die Übertragung des Eigentums am Grundstück als auch für die Zahlung des Kaufpreises. Also bedarf es für die Erfüllung dieses Vertrages zweier Verfügungsgeschäfte!*
>
> *2. Die Übertragung des Eigentums am Grundstück, d.h. die Verfügung, von Verkäufer (Veräußerer) an Käufer (Erwerber) nach §§ 873, 925 BGB.*
>
> *3. Die Übertragung des Eigentums am Geld, eine weitere Verfügung, von Käufer (Erwerber des Grundstücks) an Verkäufer nach § 929 S.1 BGB.*

Es sind also drei Verträge zustande gekommen.

hemmer-Methode: Diese 3 Verträge sind in Bestand und Wirksamkeit (Trennungs- und Abstraktionsprinzip!) voneinander unabhängig.
Dies gilt unabhängig davon, dass Otto Normalverbraucher und Lieschen Müller diese Verträge einheitlich handhaben und beurteilen. Auch wenn alles uno actu zusammenfällt, wird dies in der Rechtspraxis – und damit insbesondere in Ihrer Klausur – unabhängig und getrennt voneinander beurteilt.

III. Absolutheit

Absolutheitsgrundsatz

Absolute Rechte wirken gegenüber jedermann. Es handelt sich um ausschließliche Herrschaftsrechte einer Person an einem Gegenstand. 12

Das schuldrechtliche Gegenstück dazu ist die Relativität der Schuldverhältnisse, d.h. das Wirken nur gegenüber dem Vertragspartner.

IV. Publizität

Publizitätsgrundsatz

Publizität ist die Erkennbarkeit sachenrechtlicher Zugehörigkeit. Bei beweglichen Sachen wird diese Zugehörigkeit durch den Besitz indiziert, § 1006 BGB, bei unbeweglichen Sachen durch die Grundbucheintragung, § 891 BGB. 13

Gegenstück dazu im Schuldrecht ist die grundsätzliche Formfreiheit.

V. Bestimmtheit

Bestimmtheitsgrundsatz

Nach dem Bestimmtheits- oder Spezialitätsprinzip sind dingliche Rechte immer nur an einzelnen Sachen möglich. Verfügungen können demnach immer nur bezogen auf eine bestimmte einzelne Sache erfolgen. 14

Nicht möglich sind daher Verfügungen über Sach- und Rechtsgesamtheiten wie das Vermögen einer Person, Teile eines Warenlagers oder ein Unternehmen als Ganzes.

Keine Bestimmtheit für Verpflichtung nötig!

Beachten Sie, dass dies nur für das Verfügungsgeschäft gilt und nicht für das Verpflichtungsgeschäft. Bei der Abtretung (Verfügung!) einer zukünftigen Forderung (sog. Vorausabtretung), d.h. einer Forderung, die im Zeitpunkt der Abtretung (= Übertragung) noch nicht entstanden ist, wird eine Ausnahme vom Bestimmtheitsgrundsatz zugelassen.

Danach soll im Zeitpunkt der Einigung nach § 398 BGB die Bestimmbarkeit der zukünftigen Forderung ausreichen. Bestimmbarkeit bedeutet dabei, dass erst die Bestimmtheit im Zeitpunkt der Entstehung der Forderung vorliegen muss und nicht schon im Zeitpunkt der Abtretung.

Für die sachenrechtliche Bestimmtheit genügt, dass ein objektiver Beobachter allein durch die Kenntnis der Kriterien der Vereinbarung beurteilen kann, wann was übertragen wird. Drei klassische Kriterien, die dieses Gebot erfüllen, sind: 1. Markierung 2. Aufnahme in eine Liste 3. Raumsicherungsklausel (z.B. „Alle Gegenstände in Raum A“).

VI. Typenzwang oder Numerus clausus

Typenzwang

Typenzwang oder Numerus clausus bedeutet, dass die im Gesetz beschriebenen Sachenrechte abschließend sind und sachenrechtliche Rechtsänderungen nur in den dafür vorgesehenen Formen erfolgen dürfen. 15

Das schuldrechtliche Gegenstück dazu ist die Vertragsfreiheit als Ausprägung der Privatautonomie.

§ 2 Rechte an Grundstücken

A. Allgemeines zum Grundstücksbegriff

Immobiliarsachenrecht = Recht der unbeweglichen Sachen

Neben dem Mobiliarsachenrecht, d.h. dem Sachenrecht hinsichtlich beweglicher Sachen (auch Fahrnisrecht genannt), das in dem Skript Sachenrecht I behandelt wird, gibt es das **Immobiliarsachenrecht**. Dies ist Gegenstand dieses Skripts und behandelt das **Recht der unbeweglichen Sachen, auch Liegenschafts- oder Grundstücksrecht genannt**. 16

Definition Grundstück

Unter einem **Grundstück im Rechtssinn** ist ein räumlich abgegrenzter Teil der Erdoberfläche zu verstehen, der im Grundbuch als „Grundstück", im Regelfall auf einem besonderen Grundbuchblatt, geführt wird. Teil des Grundstücks im Rechtssinn sind neben dem Erdkörper unter der Oberfläche und dem Luftraum darüber, § 905 BGB, auch seine wesentlichen Bestandteile, also insbesondere Gebäude und Erzeugnisse, §§ 93 ff. BGB, sowie die mit dem Eigentum am Grundstück verbundenen Rechte, § 96 BGB.

> ***Bspe. für Rechte*** *i.S.d. § 96 BGB sind die subjektiv-dinglichen Rechte wie die Grunddienstbarkeit nach § 1018 BGB oder die Reallast nach § 1105 II BGB.*

B. Die Systematik der gesetzlichen Regelungen

Systematik des Immobiliarsachenrechts

Getreu dem Prinzip des BGB, allgemeine Regelungen voranzustellen, quasi „vor die Klammer" zu ziehen, finden sich in Abschnitt 2 des 3. Buches des BGB, also in den §§ 873 bis 902 BGB „Allgemeine Vorschriften über Rechte an Grundstücken". Das bedeutet, dass Sie, soweit keine besonderen Regelungen hinsichtlich der einzelnen Rechte bestehen, auf die §§ 873 ff. BGB zurückgreifen müssen. 17

hemmer-Methode: Machen Sie sich dieses System nochmals deutlich. Findet sich keine Sonderregelung, greift § 873 BGB bezüglich der Belastung eines Grundstücks und der Übertragung eines Rechts an einem Grundstück, § 892 BGB greift beim gutgläubigen Erwerb vom Nichtberechtigten etc.

Eigentumsvorschriften in §§ 903 – 1011 BGB

In den §§ 903 ff. bis einschließlich § 1011 BGB, also in Abschnitt 3 des 3. Buches des BGB, finden sich Regelungen über das Eigentum. 18

Beachten Sie bereits hier, dass Titel 3, also die **§§ 929 ff. bis einschließlich § 984 BGB**, **nur für beweglic****he Sachen gelten**, also nicht für Rechte an Grundstücken. Die §§ 929 ff. BGB werden daher im Skript Sachenrecht I behandelt.

Merke: Eigentumserwerb an unbeweglichen Sachen nach §§ 873, 925 BGB, nicht § 929 BGB!

hemmer-Methode: Hier haben Sie schon eine wichtige Weichenstellung erfahren. Geht es um Rechte an einem Grundstück, sind die §§ 929 ff. BGB „tabu". Solche Fehler sind mit einfacher Gesetzeslektüre vermeidbar, denn Titel 3 heißt nach der amtlichen Überschrift „Erwerb und Verlust des Eigentums an beweglichen Sachen". Jedoch kommt es noch in Examensklausuren vor, dass Bearbeiter das Eigentum an einem Grundstück nach § 929 BGB übertragen! Prägen Sie sich bereits an dieser Stelle ein, dass sich der Eigentumserwerb an einem Grundstück nach §§ 873, 925 BGB richtet.

Schließlich finden sich in den Abschnitten 4 bis 8 Regelungen zu einzelnen beschränkt dinglichen Rechten an Grundstücken bzw. an Grundstücksrechten. 19

Beachte amtliche Überschrift!

Wiederum ist zu beachten, dass einzelne Paragraphen nur auf bewegliche Sachen Anwendung finden. So gilt Titel 1 in Abschnitt 8 des 3. Buches nur für bewegliche Sachen, was an der amtlichen Überschrift „Pfandrecht an beweglichen Sachen" zu erkennen ist. Das bedeutet, dass die §§ 1204 ff. bis einschließlich § 1258 BGB nur für das Pfandrecht an beweglichen Sachen gelten und hier nicht behandelt werden.

C. Die Bedeutung des Grundbuchs

I. Allgemeines

Rechtsscheinträger für Grundstücke ist das Grundbuch, § 891 BGB

Um dem im Sachenrecht geltenden Publizitätsgrundsatz gerecht zu werden, braucht es auch im Immobiliarsachenrecht einen Rechtsscheinsträger, der Vorgänge wie die Belastung eines Grundstücks oder die Übertragung eines Grundstücksrechts nach außen erkennbar macht. 20

Während diese Funktion bei dem Recht der beweglichen Sachen durch den Besitz ausgeübt wird (§ 1006 BGB), dient im Immobiliarsachenrecht das Grundbuch dem Publizitätsgrundsatz (§ 891 BGB).

Definition Grundbuch

Das Grundbuch ist das vom Grundbuchamt, § 1 I S.1 der Grundbuchordnung, GBO, Schönfelder Nr. 114, geführte öffentliche Register, das alle Beurkundungen bezogen auf die Rechtsverhältnisse an Grundstücken aufnimmt.

Aufbau des Grundbuchs

Das Grundbuch besteht aus einer Aufschrift, einem Bestandsverzeichnis und drei Abteilungen. 21

Aufschrift

Aus der Aufschrift ergeben sich das grundbuchführende Amtsgericht, der Grundbuchbezirk sowie die Nummer von Grundbuchband und Grundbuchblatt.

Bestandsverzeichnis

Das Bestandsverzeichnis erteilt Auskünfte über vermessungstechnische Daten und Größe des Grundstücks.

Abteilung I

In der **ersten Abteilung** ist der **Eigentümer** und die **dinglich-rechtliche Grundlage** des Erwerbs bezeichnet.

> ***Beispiele für die dinglich-rechtliche Grundlage:*** *Auflassung, Erbgang, Zuschlag in der Zwangsvollstreckung. NICHT das schuldrechtliche Grundgeschäft (die causa) wie Kauf!*

Abteilung II

In der **zweiten Abteilung** sind alle bestehenden dinglichen Rechte am jeweiligen Grundstück (= **alle Grundstücksbelastungen**) **mit Ausnahme der Grundpfandrechte** enthalten **sowie** alle eintragungsfähigen **Verfügungsbeschränkungen**.

> ***Beispiele für die dinglichen Rechte der zweiten Abteilung:*** *Dienstbarkeiten, Nießbrauch. Zu den eintragungsfähigen Verfügungsbeschränkungen gehören Vormerkung und Widerspruch, soweit sie sich nicht auf Grundpfandrechte beziehen (dann stehen sie in Abteilung 3).*

Abteilung III

In der **dritten Abteilung** werden die **Grundpfandrechte** eingetragen sowie die sich hierauf beziehenden Vormerkungen und Widersprüche.

> ***Grundpfandrechte:*** *Hypothek, Grundschuld, Rentenschuld.*

Grundbuchrecht als formelles Recht

Aufgrund der Tatsache, dass Grundstücke und Grundstücksrechte bereits wegen ihres Wertes eine hohe wirtschaftliche Bedeutung haben, erfordert die Bestellung und Übertragung eine größere Klarheit, als es der Besitz bei beweglichen Sachen gewährleisten kann. Diese Klarheit wird durch das Grundbuchsystem erreicht. 22

Denn für jede Eintragung und Änderung des Grundbuchs müssen bestimmte formelle Voraussetzungen vorliegen. Ohne diese formellen Voraussetzungen wird eine Eintragung nicht vorgenommen, auch wenn die materiellen Voraussetzungen vorliegen.

II. Grundzüge des Grundbuchrechts

Eintragungsvoraussetzungen

Grundbuchrecht in Reinform wird im Examen nicht abgeprüft. 23

Jedoch ist die Kenntnis von einigen wenigen Grundzügen unerlässlich und erfolgt deshalb bereits hier.

1. Antragsgrundsatz

Antrag gem. § 13 GBO

Im Grundbuchrecht gilt der Antragsgrundsatz gemäß § 13 I S.1 GBO. Das bedeutet, dass das Grundbuchamt grundsätzlich nur auf Antrag tätig wird. Der Antrag bestimmt, ob und was eingetragen wird. 24

2. Bewilligungsgrundsatz (= formelles Konsensprinzip), Ausnahme materielles Konsensprinzip

Formelles Konsensprinzip, § 19 GBO

Nach § 19 GBO wird als Voraussetzung einer Eintragung grundsätzlich nur geprüft, ob eine Bewilligung vorliegt. Das Vorliegen einer materiell-rechtlichen Einigung (nach § 873 I S.1 BGB) wird dagegen im Regelfall nicht geprüft. Nach diesem formellen Maßstab genügt also regelmäßig das Vorliegen einer Bewilligung für die Eintragung. 25

Materielles Konsensprinzip, § 20 GBO

Im Falle der Auflassung eines Grundstücks, §§ 873, 925 BGB, gilt als Ausnahme dazu gemäß § 20 GBO das materielle Konsensprinzip. Hier wird geprüft, ob eine Einigung vorliegt. Hier genügt jedoch auch das Vorliegen eines (dinglichen) Vertrags, eine inhaltliche Prüfung findet nicht statt.

Nur bei offensichtlichen Mängeln, d.h. wenn das Grundbuchamt aufgrund feststehender Tatsachen zweifelsfrei weiß, dass die Eintragung das Grundbuch unrichtig macht, darf keine Eintragung erfolgen. Hier genügt keine wertende Beurteilung, sondern es müssen feststehende Tatsachen sein.

3. Nachweis gemäß § 29 GBO

Form der Nachweise, § 29 GBO

Gemäß § 29 GBO **sollen** die Eintragungen nur vorgenommen werden, wenn die erforderliche Bewilligung (§ 19 GBO) bzw. der erforderliche materielle Konsens (§ 20 GBO) durch öffentliche oder öffentlich beglaubigte Urkunden nachgewiesen ist. 26

hemmer-Methode: § 29 GBO ist der Grund für eine häufig gestellte Frage im Examen, nämlich ob die dingliche Einigung hinsichtlich einer Grundstücksveräußerung formbedürftig ist. Ausgehen müssen Sie dabei von §§ 873 I S.1, 925 I S.1 BGB. Danach muss die Einigung, nach § 925 I S.1 BGB Auflassung genannt, nur vor einer zuständigen Stelle, i.d.R. einem Notar erfolgen, bedarf aber keiner Form. § 311b I S.1 BGB ändert daran nichts, da sich diese Vorschrift nur auf den der Verfügung zugrunde liegenden Rechtsgrund Kaufvertrag bezieht. Das heißt, dass die dingliche Einigung, also die Auflassung, nicht formbedürftig ist.
In der Praxis erfolgt aber eine notarielle Beurkundung auch der dinglichen Einigung. Zum einen fallen nämlich die schuldrechtliche Einigung, die bei einem Kaufvertrag nach § 311b I S.1 BGB formbedürftig ist, und die dingliche Einigung regelmäßig zusammen und werden „in einem Aufwasch" auch zusammen gemäß § 128 BGB notariell beurkundet. Zum anderen verlangt die GBO gemäß §§ 20, 29 GBO den Nachweis des materiellen Konsenses in einer öffentlichen Urkunde.

4. Eintragung nur bei Voreintragung des Betroffenen, § 39 GBO

Voreintragung des Betroffenen, § 39 GBO

Gemäß § 39 GBO muss grundsätzlich der Rechtsvorgänger im Grundbuch eingetragen sein. Denn das Grundbuch soll den Ablauf korrekt wiedergeben. 27

Eine Ausnahme zur Voreintragung gilt nach § 40 I GBO, wenn der Betroffene Erbe des Voreingetragenen ist.

5. Eintragungsfähigkeit

Eintragungsfähige Rechte

Wie bereits oben (Rn. 21) zu den Abteilungen des Grundbuchs gesehen, sind nicht alle rechtlich relevanten Geschehnisse eintragungsfähig. Im Gegenteil ist es sogar so, dass nur Eintragungen erfolgen dürfen, die durch Rechtsnorm vorgeschrieben oder zugelassen sind. 28

Die Zulassung kann auch daraus folgen, dass das materielle Recht Rechtswirkungen an die Eintragung bzw. Nichteintragung knüpft.

Die dinglichen Rechte sind – mit ihrem gesetzlichen Inhalt, beachten Sie hier den Typenzwang! – eintragungsfähig.

Die Sicherungsmittel Vormerkung (§ 883 BGB) und Widerspruch (§ 899 BGB) sind eintragungsfähig.

Relative Verfügungsverbote und insbesondere die ihnen gleichgestellten Verfügungsentziehungen nach §§ 1984, 2113 ff, 2129, 2211 BGB sind eintragungsfähig.

Nicht eintragungsfähige Rechte

Dagegen sind regelmäßig **nicht eintragungsfähig**: absolute Verfügungsverbote, bloß schuldrechtliche Rechte wie Kauf oder Miete, das Anwartschaftsrecht an einem Grundstück oder öffentlich-rechtliche Belastungen.

D. Die einzelnen Rechte neben dem Vollrecht Eigentum

hemmer-Methode: Die einzelnen Rechte neben dem Eigentum sind – mit Ausnahme des Vorkaufsrechts und den Grundpfandrechten Hypothek und Grundschuld – wenig examensrelevant und werden daher hier nur kurz dargestellt. Zumeist wird für die Lösung „exotischerer" Rechte genaue Gesetzeslektüre und systematische Arbeit am Gesetz ausreichen.

Beschränkt dingliche Rechte = Ausschnitt des Vollrechts Eigentum

Rechte an Grundstücken sind das **Eigentum als das umfassendste dingliche Recht, § 903 BGB, sowie die beschränkt dinglichen Rechte**, die inhaltlich jeweils einen bestimmten Ausschnitt aus dem dinglichen Vollrecht Eigentum umfassen. 29

hemmer-Methode: Das bedeutet, dass alle im Folgenden genannten Rechte immer nur einen Aspekt des Vollrechts Eigentum darstellen, sei es als Nutzungs-, Verwertungs- oder als Aneignungsrecht.

I. Dienstbarkeiten

Dienstbarkeit in §§ 1018 ff. BGB

Die Dienstbarkeiten sind in Abschnitt 4 des 3. Buches des BGB, d.h. in den §§ 1018 bis 1093 BGB geregelt. 30

Nutzungsrecht

Dienstbarkeiten sind auf ein Dulden der Benutzung bzw. Nutzungsziehung oder ein Unterlassen tatsächlicher Handlungen bzw. der Rechtsausübung gerichtete beschränkte dingliche Rechte am Belastungsgrundstück.

Zu unterscheiden sind die Grunddienstbarkeit, §§ 1018 bis 1029 BGB, der Nießbrauch, §§ 1030 bis 1089 BGB und die beschränkte persönliche Dienstbarkeit, §§ 1090 bis 1093 BGB.

II. Das Vorkaufsrecht

Dingliches Vorkaufsrecht, §§ 1094 ff. BGB

Das dingliche Vorkaufsrecht ist in §§ 1094 bis 1104 BGB geregelt, d.h. in Abschnitt 5 des 3. Buches des BGB. 31

Das Vorkaufsrecht ermöglicht dem Berechtigten, von dem Verpflichteten das belastete Grundstück zu denselben Bedingungen zu kaufen, zu denen der Verpflichtete es an den Dritten verkauft hat.

Schuldrechtliches Vorkaufsrecht, §§ 463 ff. BGB

Merke: Unterscheiden Sie davon das schuldrechtliche Vorkaufsrecht, welches in §§ 463 bis 473 BGB geregelt ist.

Während das dingliche Vorkaufsrecht **nur an Grundstücken** bestellbar ist, §§ 1094, 1096 BGB, und den jeweiligen Eigentümer verpflichten kann, vgl. § 1097 a.E. BGB, bindet das schuldrechtliche Vorkaufsrecht nach den §§ 463 ff. BGB nur den **jeweiligen Besteller**, wirkt also nur relativ.

Wirkung nach § 1098 II BGB wie Vormerkung

Die Wirkung des dinglichen Vorkaufsrechts Dritten gegenüber ergibt sich aus § 1098 II BGB. Es wirkt Dritten gegenüber also wie eine Vormerkung (dazu ausführlich unten in § 7).

I.R.d. dinglichen Vorkaufsrechts gilt es zu unterscheiden:

Unterscheide: Subjekitv-persönliches/ subjektiv-dingliches Vorkaufsrecht

- ⇨ Das subjektiv-persönliche Vorkaufsrecht nach § 1094 I BGB. Dabei ist Berechtigter eine bestimmte Person.
- ⇨ Das subjektiv-dingliche Vorkaufsrecht nach § 1094 II BGB. Dabei ist Berechtigter der jeweilige Eigentümer eines anderen Grundstücks.

Merke: Die Unterscheidung subjektiv-persönliches und subjektiv-dingliches Recht müssen Sie nicht auswendig lernen. Sie ergibt sich aus dem Gesetz. Eine Legaldefinition findet sich in § 1103 BGB (siehe amtlichen Überschrift).
Daraus können Sie entnehmen, dass bei einem zugunsten des „jeweiligen Eigentümers eines Grundstücks" bestehenden dinglichen Recht immer ein subjektiv-dingliches Recht (Anknüpfungspunkt ist Grundstück und nicht Person) vorliegt, vgl. §§ 1094 II, 1103 I, 1105 II BGB. Entsprechendes gilt für ein subjektiv-persönliches Recht durch die Formulierung „zugunsten einer bestimmten Person" (Anknüpfungspunkt ist Person und nicht Grundstück), vgl. § 1094 I, 1103 II, 1105 I BGB.

III. Reallasten

Reallast, §§ 1105 ff. BGB

Die Reallast ist im Abschnitt 6 des 3. Buches des BGB, in den §§ 1105 bis 1112 BGB geregelt. 32

Reines Verwertungsrecht

Die Reallast ist ein reines Verwertungsrecht, d.h. es besteht bei der Reallast lediglich ein Recht auf Verwertung, kein Leistungsanspruch. Die wiederkehrenden Leistungen müssen an den Berechtigten zu leisten sein. Die Leistungen müssen nicht unbedingt regelmäßig wiederkehrend sein; jedoch genügt eine einmalige Leistung nicht.

Wie das dingliche Vorkaufsrecht kann die Reallast für eine bestimmte Person, also subjektiv-persönlich gemäß § 1105 I BGB, oder für den jeweiligen Eigentümer eines bestimmten Grundstücks, also subjektiv-dinglich gemäß § 1105 II BGB, bestellt werden.

IV. Die Grundpfandrechte

Grundpfandrechte, §§ 1113 ff. BGB

Die Grundpfandrechte als Sicherungsmittel sind in Abschnitt 7 des 3. Buches des BGB, also in den §§ 1113 bis 1203 BGB geregelt. 33

Zu den Grundpfandrechten gehören die Hypothek, §§ 1113 bis 1191 BGB, die Grundschuld, §§ 1192 bis 1198 BGB, und die Rentenschuld, §§ 1199 bis 1203 BGB.

Duldung der Zwangsvollstreckung, § 1147 BGB

Grundpfandrechte führen dazu, dass **der Eigentümer zur Duldung der Zwangsvollstreckung wegen der aus dem Grundstück zu zahlenden Geldsumme verpflichtet ist, § 1147 BGB**.

§ 1147 BGB gilt nach seiner systematischen Stellung eigentlich nur für die Hypothek. Diese **Duldungspflicht** (im Unterschied zur **Zahlung**spflicht) findet über § 1192 I BGB aber auch auf die Grundschuld und die Rentenschuld als Unterfall der Grundschuld Anwendung.

Merke: Hypothek abhängig (akzessorisch) von zu sichernder Forderung; Grundschuld nicht akzessorisch

hemmer-Methode: Aufgrund ihrer Bedeutung werden Hypothek und Grundschuld ausführlich in einem eigenen Kapitel behandelt. Beachten Sie aber den Grundunterschied zwischen Grundschuld (und deren Unterart Rentenschuld) und Hypothek bereits hier: Die Hypothek ist akzessorisch, d.h. in Bestand und Wirkung abhängig von der gesicherten Forderung (§§ 1113, 1115 BGB), während die Grundschuld (und damit auch die Rentenschuld) nicht akzessorisch ist, § 1192 I BGB.

E. Das Eigentum am Grundstück

Das Eigentum ist das umfassende dingliche Recht und wird daher auch als Vollrecht bezeichnet. Regelungen über das Eigentum finden sich in Titel 1 und Titel 2 des 2.Abschnitts des 3. Buches des BGB, also in den §§ 903 ff. BGB. Ergänzend sind die §§ 873 ff. heranzuziehen, also die allgemeinen Vorschriften über Rechte an einem Grundstück. *34*

hemmer-Methode: Die §§ 873 ff. BGB zeigen exemplarisch den Aufbau des BGB, vom Allgemeinen zum Besonderen. In den §§ 873 bis einschließlich 902 BGB sind Regelungen getroffen, die für alle Rechte an einem Grundstück gelten. Die §§ 903 bis einschließlich 924 BGB regeln den Inhalt des Eigentums – für bewegliche und unbewegliche Sachen gleichermaßen. Die §§ 925 bis einschließlich 928 BGB regeln den Erwerb und den Verlust des Eigentums an Grundstücken. Die nachfolgenden §§ 929 bis einschließlich 984 BGB gelten nach der amtlichen Überschrift (Titel 3) nur für den Erwerb und Verlust des Eigentums an beweglichen Sachen.
Schon aus der Stellung einer Vorschrift im Gesetz können Sie so erkennen, ob die Vorschrift in Ihrer Klausur Anwendung findet. Zeigen Sie in Ihrer Klausur, dass Sie das System des Gesetzes verstehen und vermeiden Sie so unnötige Fehler wie z.B. „könnte das Eigentum am Grundstück nach §§ 929 S.1, 932 BGB verloren haben.“ Bereits aus der Stellung der §§ 929 ff. BGB erkennen Sie, dass diese Paragraphen niemals auf Rechte <u>an Grundstücken</u> angewendet werden dürfen.

Grundvoraussetzungen für eine Eigentumsübertragung sind Einigung, §§ 873 I, 925 I S.1 BGB (legaldefiniert in § 925 I S.1 BGB als Auflassung) und Eintragung, § 873 I BGB. 35

hemmer-Methode: Die Voraussetzungen der Einigung und Eintragung sind bereits in § 873 I BGB genannt und gelten aufgrund der Stellung des § 873 BGB grundsätzlich für die Bestellung bzw. Übertragung aller Rechte an einem Grundstück. Aufgrund der Bedeutung des Eigentums wird diese Systematik hier anhand der Eigentumsübertragung dargestellt.

Eine ausführliche Darstellung des Umfangs des Eigentumsrechts erfolgt sogleich in Kapitel 3, Das Grundstückseigentum.

§ 3 Das Grundstückseigentum

A. Befugnisse des Eigentümers

Identischer Eigentumsbegriff für bewegliche und unbewegliche Sachen in § 903 BGB

§ 903 BGB enthält eine Definition des Eigentumsbegriffs sowohl für bewegliche als auch unbewegliche Sachen, da Abschnitt 3 nicht zwischen beweglichen und unbeweglichen Sachen unterscheidet. Der Eigentumsbegriff ist also für bewegliche und unbewegliche Sachen identisch. 36

Eigentum als umfassendstes Herrschaftsrecht an einer Sache

Aus § 903 BGB ergeben sich weitreichende Befugnisse für den Eigentümer, die darauf schließen lassen, dass das Eigentum das umfassendste Herrschaftsrecht an einer Sache ist, das die Rechtsordnung kennt.

Die durch das Eigentum verliehenen Rechte des Eigentümers lassen sich in positive und negative Befugnisse unterteilen. 37

Positive Befugnisse

Gem. § 903 S.1 BGB kann der Eigentümer „mit der Sache nach Belieben verfahren" (sog. positive Befugnis des Eigentums). In rechtlicher Hinsicht bedeutet dies, dass der Eigentümer über die Sache frei und unbeeinflusst von Eingriffen Dritter verfügen darf (z.B. Übereignung, Aufgabe, oder Belastung mit beschränkt dinglichen Rechten). In tatsächlicher Hinsicht kann der Eigentümer sein Eigentum nach seinem Belieben nutzen, wobei dies eine Beschädigung oder gar Zerstörung beinhaltet. Der Eigentümer ist dabei aber nicht verpflichtet, von seinen positiven Befugnissen Gebrauch zu machen. 38

Negative Befugnisse

Nach dem Wortlaut des § 903 S.1 BGB kann der Eigentümer auch „andere von jeder Einwirkung ausschließen". Dies umschreibt die sog. negative Befugnis des Eigentümers. Das Ausschließungsrecht bezieht sich dabei hauptsächlich auf Einwirkungen wie Zerstörung, Beschädigung, Wegnahme oder Immissionen. Das Ausschließungsrecht wird durch eine Vielzahl von Normen verwirklicht, so z.B. Notwehr (§ 227 BGB = Rechtfertigungsgrund), Herausgabeansprüche (§ 985 BGB), Beseitigungs- und Unterlassungsansprüche (§§ 907, 1004 BGB) sowie deliktische Schadensersatzansprüche (§§ 823, 826 BGB). 39

B. Gegenstand des Eigentumsrechts am Grundstück

Gegenstand des Grundstückseigentums = Grundstück und dessen wesentliche Bestandteile, §§ 93, 94 BGB

40 Das Eigentumsrecht am Grundstück erstreckt sich nicht nur auf den räumlich abgegrenzten Teil der Erdoberfläche, sondern auch auf den Erdkörper unter der Oberfläche und den darüber liegenden Luftraum gem. § 905 S.1 BGB. Weiterhin gehören dazu auch gem. § 93 BGB die wesentlichen Bestandteile einer Sache (Legaldefinition in § 93 I BGB), da diese nicht sonderrechtsfähig sind.

§ 94 I BGB konkretisiert § 93 BGB insoweit, dass er als wesentliche Bestandteile eines Grundstücks, die mit dem Grund und Boden fest verbundenen Sachen, insbesondere Gebäude und Erzeugnisse des Grundstücks, dem Grundstück und damit auch dem Grundstückseigentum zuordnet. Gleiches gilt für § 94 II BGB, der die zur Herstellung des Gebäudes eingefügten Sachen (z.B. Fenster, Türen etc.) dem Grundstück zuweist.

§ 96 BGB bzgl. subjektiv-dinglicher Rechte

41 Nach § 96 BGB gelten auch Rechte, die mit dem Eigentum am Grundstück verbundenen sind (sog. subjektiv-dingliche Rechte), als Bestandteile des Grundstücks.

Keine wesentlichen Bestandteile sind Scheinbestandteile, § 95 BGB

42 Keine wesentliche Bestandteile stellen aber die sog. Scheinbestandteile gem. § 95 BGB dar, denn sie sind sonderrechtsfähig. Voraussetzung für einen Scheinbestandteil ist, dass die Sache nur zu einem vorübergehenden Zweck mit dem Grundstück (§ 95 I BGB) oder dem Gebäude (§ 95 II BGB) verbunden worden ist. Dabei bedeutet eine vorübergehende Verbindung, dass eine spätere Trennung zum Zeitpunkt der Verbindung beabsichtigt war oder nach der Natur des Zwecks als sicher galt. Das gilt selbst dann, wenn die Verbindung für die gesamte Lebensdauer der Sache mit dem Grundstück verbunden wird (Windkraftanlage).

Bei einem Einbau durch den Inhaber eines zeitlich beschränkten Nutzungsrechts wird i.d.R. von einem vorübergehenden Zweck der Verbindung auszugehen sein.

> ***Bsp.:*** *Bau einer Gartenlaube durch den Mieter; Grabstein auf einem öffentlichen Friedhofsgelände.*

Zubehör, § 97 BGB = rechtlich selbständige, bewegliche Sachen

43 Der Begriff Zubehör wird in § 97 BGB definiert. Danach sind darunter selbständige bewegliche Sachen (also keine wesentlichen Bestandteile!) zu verstehen, die dazu bestimmt sind, der Hauptsache zu dienen (Regelbeispiele in § 98 BGB) und zu ihr in einem räumlichen Verhältnis stehen.

Daraus folgt, dass Zubehörstücke als rechtlich selbständige bewegliche Sachen ohne das Grundstück nach den §§ 929 ff. BGB übereignet werden können.

Allerdings wird bei einer rein wirtschaftlichen Betrachtung auch das Zubehör zum Grundstückseigentum gezählt.

> ***Bsp. für Zubehör:*** *Baumaterial auf Baugrundstück, Maschinen auf Fabrikgrundstück etc.*

C. Grenzen der Eigentümerbefugnisse

I. Notwendigkeit der Begrenzung

Die umfassenden Befugnisse des Eigentümers aus § 903 BGB können nicht grenzenlos sein, denn derart weitreichende Rechte würden im sozialen Miteinander zwangsläufig mit den Interessen und Befugnissen Dritter kollidieren. Schon § 903 S.1 BGB ordnet deshalb an, dass den Befugnissen des Eigentümers Schranken zu setzen sind, wenn „... das Gesetz oder Rechte Dritter entgegenstehen ...“. 44

Konkretisiert werden diese Grenzen des Eigentumsrechts durch die dem § 903 BGB nachfolgenden Vorschriften (§§ 904 ff. BGB).

II. Privatrechtliche Grenzen der Eigentümerbefugnisse

1. Begrenzung durch Nachbarschaftsrecht des BGB (§§ 906 ff. BGB)

a) Allgemeines

Nachbarschaftsrecht in §§ 906 ff. BGB

Das Nachbarschaftsrecht ist in den §§ 906 ff. BGB geregelt. 45
Ziel dieser Regelungen ist es, Konflikte zwischen den benachbarten Grundstückseigentümer zu lösen und für einen interessengerechten Ausgleich zu sorgen.

Rechtstechnische Verwirklichung des Interessenausgleichs durch Duldungspflichten

Verwirklicht wird dieser Ausgleich dadurch, dass dem beein- 46
trächtigten Grundstückseigentümer grundsätzlich Ausschließungsbefugnisse zustehen, die über verschiedene Anspruchsgrundlagen verwirklicht werden können (z.B. § 1004 BGB).

Jedoch können diese Ansprüche wiederum durch Duldungspflichten, die den beeinträchtigten Grundstückseigentümer treffen, eingeschränkt sein. Diese Duldungspflichten sind in den §§ 906 ff. BGB geregelt.

Bsp. zu § 1004 BGB: *Dem Grundstückseigentümer steht aus § 1004 I BGB ein Beseitigungs- und Unterlassungsanspruch gegen andere Eigentumsbeeinträchtigungen als Besitzentzug und Besitzvorenthaltung zu. Solche Beeinträchtigungen liegen insbesondere in denjenigen Einwirkungen, die in den nachbarrechtlichen Vorschriften der §§ 906 ff. BGB geregelt sind.* 47

Der Anspruch aus § 1004 I BGB ist aber bei Bestehen einer Duldungspflicht ausgeschlossen, § 1004 II BGB. Duldungspflichten aus den §§ 906 ff. BGB führen daher dazu, dass die entsprechenden Eigentumsbeeinträchtigungen wegen des Ausschlusstatbestandes in § 1004 II BGB nicht mittels § 1004 I BGB abgewehrt werden können.

Bsp. zu § 823 I BGB: *Aus Beeinträchtigungen eines Grundstücks können Schadensersatzansprüche wie z.B. § 823 I BGB resultieren. Sofern aber Duldungspflichten aus §§ 906 ff. BGB bestehen, ist die Beeinträchtigung rechtmäßig und die Rechtswidrigkeit entfällt.*

Merke: Die §§ 906 ff. BGB als Duldungspflichten sind immer inzident zu prüfen und nicht als Anspruchsgrundlagen.

Räumlicher Anwendungsbereich über Grundstücksgrenzen hinaus

Das Nachbarschaftsrecht behandelt auch Rechtsverhältnisse über unmittelbar angrenzende Grundstücke hinaus. Maßgeblich ist, ob von einem Grundstück Einwirkungen auf andere Grundstücke ausgehen. Daher besteht auch die Möglichkeit, dass die §§ 906 ff. BGB auf entfernt liegende Grundstücke Anwendung finden. 48

Persönlicher Anwendungsbereich

Die §§ 906 ff. BGB gelten nicht nur für Grundstückseigentümer, sondern auch für sonstige dinglich oder obligatorisch Berechtigte. 49

b) Duldungspflichten aus dem Immissionsrecht, § 906 I 1, II 1 BGB

§ 906 BGB

§ 906 BGB stellt in den Absätzen 1 und 2 Duldungspflichten bei Grundstückseinwirkungen durch Immissionen auf. 50

Zweck der Regelung ist es, dass bestimmte Einwirkungen durch Immissionen hinzunehmen sind, um eine sinnvolle Nutzung des Grundstücks zu ermöglichen.

Voraussetzung des § 906 I BGB

Voraussetzungen des § 906 I 1 BGB (für Annahme einer Duldungspflicht): 51

- ⇨ Grenzüberschreitende Einwirkung von Immissionen i.S.d. § 906 I 1 BGB (i.d.R. unwägbare Stoffe) auf ein Grundstück
- ⇨ Keine oder unwesentliche Beeinträchtigung der Grundstücksbenutzung durch die Einwirkung (Regelbeispiel in § 906 I 2, 3 BGB)
- ⇨ Ausschluss nach § 906 III BGB bei Zuführung durch besondere Leitung

Voraussetzung des § 906 II BGB

Voraussetzungen des § 906 II 1 BGB (für Annahme einer Duldungspflicht): 52

- ⇨ Grenzüberschreitende Einwirkung von Immissionen i.S.d. § 906 I 1 BGB (i.d.R. unwägbare Stoffe) auf ein Grundstück
- ⇨ Wesentliche aber ortsübliche Beeinträchtigung, und Verhinderung der Beeinträchtigung ist wirtschaftlich unzumutbar, vgl. § 906 II 1 BGB
- ⇨ Ausschluss nach § 906 III BGB bei Zuführung durch besondere Leitung

Zu den Voraussetzungen im Einzelnen:

aa) Einwirkungen i.S.v. § 906 I 1 BGB

Katalog des § 906 BGB

§ 906 I 1 BGB eröffnet den Anwendungsbereich des § 906 BGB für die dort beispielhaft aufgezählten Immissionen, die als unwägbare Einwirkungen auch „Imponderabilien" genannt werden (z.B. Gase, Gerüche, Ruß etc.). 53

„Ähnliche Einwirkungen"

Daneben werden auch „ähnliche Einwirkungen" von § 906 BGB erfasst. Eine Definition dieses Begriffs muss aus einem **Vergleich** mit den aufgezählten Immissionen gewonnen werden. 54

Die in § 906 I 1 BGB genannten Stoffe beinhalten Sach- bzw. Gesundheitsschädigungen, so dass eine ähnliche Einwirkung vergleichbare Ergebnisse erzielen muss.

Grundsätzlich müssen diese Einwirkungen auch aus unwägbaren Stoffen resultieren, jedoch wird bei Kleinstkörpern eine Ausnahme gemacht.

Bsp. für „ähnliche Einwirkungen" i.S.v. § 906 I 1 BGB:
Laub, Nadeln, Blüten, Pflanzensamen, Kleintiere (Insekten, Tauben), Licht sowie alle Arten von Strahlungen.

hemmer-Methode: Der BGH hat aus dem Katalog des § 906 I 1 BGB allgemeine Kriterien für „ähnliche Einwirkungen" abgeleitet. Danach müssen die Einwirkungen in ihrer Ausbreitung weithin unkontrollierbar und unbeherrschbar sein, in ihrer Intensität schwanken und damit andere Grundstücke entweder überhaupt nicht, unwesentlich oder wesentlich beeinträchtigen können.

Keine ähnlichen Einwirkungen stellen hingegen Grobimmissionen (z.B. Gesteinsbrocken) oder größere Tiere (Hunde, Katzen, Ratten) dar. 55

Grenzüberschreitung (-), bei negativen oder ideellen Einwirkungen

Auch genügt eine bloße Einwirkung nicht, wenn keine Grenzüberschreitung vorliegt. Deshalb liegen die Voraussetzungen des § 906 BGB weder bei negativen (z.B. Entzug von Licht oder Luft) noch bei ideellen Einwirkungen (z.B. Bordell oder Schrottplatz) vor. Schließlich bedürfen Handlungen, die sich gegenständlich im Bereich des eigenen Grundstücks halten, keiner besonderen Rechtfertigung. 56

hemmer-Methode: Ideelle und negative Einwirkungen stellen schon keine nach § 1004 I BGB abwehrbare Eigentumsbeeinträchtigungen dar. Bei wesentlichen Beeinträchtigungen kommt aber ausnahmsweise ein Abwehranspruch über § 242 BGB (Rspr.) bzw. § 906 BGB analog (Lit.) in Betracht.

bb) Intensität der Immission

Abstufungen in § 906 I, II BGB

§ 906 BGB nimmt in den Absätzen 1 und 2 Abstufungen bei den zu duldenden Einwirkungen hinsichtlich der Intensität der Immissionen vor. 57

(1) Keine oder unwesentliche Beeinträchtigung, § 906 I BGB

Wesentlichkeit der Beeinträchtigung der Grundstücksnutzung

Eine unwägbare Einwirkung (= Immission) ist nach § 906 I 1 BGB nur zu dulden (= kann nicht abgewehrt werden), wenn sie die Benutzung des betroffenen Grundstücks nicht oder nur unwesentlich beeinträchtigt. 58

Die Abgrenzung zwischen wesentlicher und unwesentlicher Beeinträchtigung erfolgt nach bestimmten Kriterien:

hemmer-Methode: Beachten Sie, dass es nicht auf die Wesentlichkeit der Einwirkung ankommt, sondern auf die Wesentlichkeit der Beeinträchtigung der Grundstücksbenutzung durch die Einwirkung (= Immission)! Arbeiten Sie sauber mit dem Gesetzeswortlaut!

(a) Allgemeiner Maßstab der Wesentlichkeit

Objektiver Maßstab für Wesentlichkeit anhand des konkreten Einzelfalls

Entscheidendes Kriterium für die „Wesentlichkeit" ist das Empfinden eines verständigen Durchschnittsbenutzers des betroffenen Grundstücks in seiner durch Natur, Gestaltung und Zweckbestimmung geprägten konkreten Beschaffenheit. Auf das subjektive Empfinden des beeinträchtigten Grundstückseigentümers kommt es dagegen nicht an. Darüber hinaus sind ein konkretes Umweltbewusstsein, die Lage in einem Wohn- oder Gewerbegebiet bzw. im Außenbereich, sowie besondere immissionsgeschützte Einrichtungen (z.B. Schallschutzfenster, gesamte Hausisolation) aus der Sicht eines Durchschnittsbenutzers mit zu berücksichtigen. 59

Fallgruppen

Angesichts der Vielzahl von Fällen hat die Rspr. bestimmte Fallgruppen entwickelt. Eine wesentliche Beeinträchtigung der Grundstücksbenutzung liegt danach **insbesondere bei** einer **„schädliche Umwelteinwirkung" i.S. des § 3 I BImSchG** vor. Gleiches gilt grundsätzlich bei Sach- und Gesundheitsbeschädigungen sowie bei Gerüchen und Geräuschen, es sei denn, dass sie ein durchschnittlicher Mensch kaum noch empfindet. Eine Unwesentlichkeit wird dagegen widerleglich vermutet, wenn die Einwirkungen nur einmalig vorkommen. 60

hemmer-Methode: An dieser Stelle wird von Ihnen in einer Klausur nicht erwartet, dass Sie die Einzelfallrechtsprechung kennen. Hier ist ein „gesunder Menschenverstand" gefragt, der die im Sachverhalt angesprochenen Angaben für seine Argumentation verwendet.
Ein richtiges Ergebnis gibt es hier nicht. Auf die Argumentation kommt es an! Ein hervorragendes Beispiel dafür liefert Fall 2 (Teil II) in Hemmer/Wüst, die 43 wichtigsten Fälle für Anfangssemester, Sachenrecht II.

(b) Gesetzliche Maßstäbe der Wesentlichkeit, § 906 I 2, 3 BGB

Gesetzlicher Maßstab in § 906 I 2, 3 BGB

Neben dem allgemeinen Maßstab gibt das Gesetz selbst in § 906 I 2, 3 BGB einen gesetzlichen Maßstab zur Unwesentlichkeit einer Beeinträchtigung vor. § 906 I 2 BGB stellt Regelbeispiele (vgl. Wortlaut „in der Regel") auf, wonach das Einhalten bestimmter Grenz- und Richtwerte aus Gesetzen oder Rechtsverordnungen regelmäßig auf eine unwesentliche Beeinträchtigung der Grundstücksbenutzung schließen lässt. Gleiches gilt nach § 906 I 3 BGB auch für die dort genannten Verwaltungsvorschriften. Die Formulierung „in der Regel" führt aber auch dazu, dass in konkreten Einzelfällen trotz Nichtüberschreitung der Grenz- und Richtwerte ausnahmsweise eine wesentliche Beeinträchtigung vorliegen kann. Das Überschreiten von Grenzwerten ist jedoch ein deutlicher Hinweis auf die Wesentlichkeit. 61

Exkurs: Regelbeispiel

hemmer-Methode: Auch hier gilt wieder, dass ein genaues Arbeiten am Gesetzeswortlaut entscheidend ist. Verknüpfen Sie auch Ihr Wissen mit anderen Rechtsgebieten. So kommt Ihnen bestimmt der Begriff „Regelbeispiel" im Zusammenhang mit dem Strafrecht bekannt vor. Regelbeispiele stellen keinen Straftatbestand, sondern – trotz ihrer Tatbestandsähnlichkeit – bloße Strafzumessungsregeln (daher nach Schuld zu prüfen) dar, die zur gesetzlichen Vermutung eines besonders schweren Falles (z.B. § 243 StGB) führen, aber nicht abschließend sind. Ein Regelbeispiel können Sie anhand der Formulierung „in der Regel" erkennen. Auf das Zivilrecht übertragen bedeutet dies, dass auch hier bei Vorliegen der Voraussetzungen eines Regelbeispiels (wie in § 906 I 2 BGB) die Prüfung noch nicht abgeschlossen ist. Vielmehr spricht nur eine widerlegbare Vermutung für das Eingreifen der vorgesehenen Rechtsfolge. Jedoch kann im konkreten Einzelfall eine Ausnahme zu machen sein. 62

Gesetze und Rechtsverordnungen i.S.d. § 906 I 2 BGB

Nach dem Wortlaut von § 906 I 2 BGB sind nur Gesetze und Rechtsverordnungen als Maßstab heranzuziehen. Dies bedeutet, dass Satzungen und private Normen keine Berücksichtigung finden. 63

Verwaltungsvorschriften i.S.d. § 906 I 3 BGB

§ 906 I 3 BGB erklärt nur diejenigen allgemeinen Verwaltungsvorschriften als Maßstab, die unter Einhaltung der verfahrensrechtlichen Vorschriften nach § 48 BImSchG erlassen worden sind und dem Stand der Technik entsprechen. Das sind insbesondere TA-Luft und TA-Lärm. 64

hemmer-Methode: I.R.v. § 906 I 2, 3 BGB kommen öffentlich-rechtliche Vorschriften zur Anwendung. Siehe dazu Hemmer/Wüst, Sachenrecht III, Rn. 28.

(2) Wesentliche Beeinträchtigung, § 906 II

Duldungspflicht aus § 906 II 1 BGB

Selbst wenn eine Duldungspflicht nach § 906 I 1 BGB aufgrund der Wesentlichkeit der Beeinträchtigung ausscheidet, so kann sich immer noch eine Duldungspflicht aus § 906 II 1 BGB ergeben. Eine solche setzt neben einer Immission (Einwirkung) i.S.d. § 906 I 1 BGB und dem Nichteingreifen des Ausschlusstatbestandes nach § 906 III BGB, eine ortsübliche Beeinträchtigung voraus, deren Verhinderung auch wirtschaftlich unzumutbar ist. 65

(a) Ortsüblichkeit

Ortsüblichkeit im Vergleichsbezirk

Eine Legaldefinition des Begriffs Ortsüblichkeit als erste Voraussetzung der Duldungspflicht nach § 906 II 1 BGB fehlt. Die Rspr. hat daher folgende Definition angewendet: Ortsüblich ist eine Benutzung des emittierenden Grundstücks, wenn in dem maßgeblichen Vergleichsbezirk eine Mehrzahl von Grundstücken mit annähernd gleich beeinträchtigender Wirkung für andere Grundstücke tatsächlich genutzt wird. Die im Vergleich mitberücksichtigten Einwirkungen müssen dabei gleichartig sein, wobei der entscheidende Vergleichsbezirk i.d.R. vom gesamten Gemeindegebiet gebildet wird. 66

hemmer-Methode: Wiederum ist auf den Gesetzestext genau zu achten. Ausgangspunkt für die Ortsüblichkeit i.S.v. § 906 II 1 BGB ist nicht das beeinträchtigte Grundstück, sondern das Grundstück, von dem die Einwirkung ausgeht! Etwas anderes gilt wiederum bei § 906 II 2 BGB. Hier kommt es darauf an, ob die ortsübliche Benutzung des beeinträchtigten Grundstücks selbst beeinträchtigt ist.

(b) Unzumutbarkeit der Verhinderung

Wirtschaftliche Unzumutbarkeit der Verhinderung

Zweite Tatbestandsvoraussetzung des § 906 II 1 BGB ist neben der Ortsüblichkeit, dass die durch ortsübliche Benutzung des anderen Grundstücks herbeigeführte wesentliche Beeinträchtigung nicht durch eine den Benutzern wirtschaftlich zumutbare Maßnahme verhindert werden kann. 67

Maßgeblich dafür ist neben der technischen Machbarkeit die Leistungsfähigkeit eines durchschnittlichen und nicht des konkreten Benutzers (vgl. Wortlaut „... Benutzern dieser Art ...“).

hemmer-Methode: Beachten Sie, dass § 906 BGB mittelbar auch in das Vertragsrecht einwirkt. Beruft sich ein Mieter darauf, dass eine bestimmte Geräuschbelästigung einen Mangel der Mietsache darstellt, durch welchen die Verpflichtung zur Zahlung gem. § 536 I S.2 BGB herabgesetzt ist, stellt sich die Frage, wie die Mangelhaftigkeit beurteilt wird. Der BGH stellt darauf ab, ob der Vermieter als Eigentümer selbst wegen 906 BGB zur Duldung verpflichtet ist. Dann könne er auf die Geräuscheinwirkung keinen Einfluss nehmen, so dass ein abweichender Zustand der Mietwohnung auch nicht geschuldet sei.

(c) Abschließender Beispielsfall zur Duldungspflicht nach § 906 II 1 BGB

Beispielsfall zu § 906 II 1 BGB

Bsp.: *Vor einem Betriebsgelände bleiben häufig Lieferanten mit ihren Lkw in Wartezeiten mit laufendem Motor in unmittelbarer Nähe zum Haus des G stehen. Der Lärm übersteigt dabei deutlich die Grenzwerte der TA-Lärm. Der Betrieb und das Haus befinden sich in einem Gewerbegebiet. Besteht eine Duldungspflicht des G aus § 906 BGB?* 68

Eine Duldungspflicht des G könnte sich zunächst aus § 906 I 1 BGB ergeben. Das setzt zunächst voraus, dass es sich bei dem Lärm um eine wesentliche Beeinträchtigung durch eine Immission i.S. des § 906 I 1 BGB handelt. Geräusche werden in § 906 I 1 BGB als taugliche Immissionen behandelt, so dass durch die laufenden Motoren der Lkw eine Einwirkung vorliegt. Fraglich ist, ob diese Einwirkung auch eine wesentliche Beeinträchtigung der Grundstücksbenutzung des betroffenen Grundstücks des G bewirkt. Hierbei ist der allgemeine Maßstab, der auf das Empfinden eines Durchschnittmenschen in der konkreten Situation abstellt, und der gesetzliche Maßstab i.S.d. § 906 I 2, 3 BGB zu beachten.

Mangels Angaben zu Gesetzen und Rechtsverordnungen scheidet eine Anwendung des § 906 I 2 BGB aus. Jedoch sind laut Sachverhalt die Grenzwerte der TA-Luft deutlich überschritten worden, so dass eine widerlegliche Vermutung für eine wesentliche Beeinträchtigung aufgrund des nicht abschließenden Charakters des § 906 I 3 BGB als Regelbeispiel greift. Gegen die Vermutung des § 906 I 3 BGB könnte aber die Tatsache sprechen, dass das Grundstück des G nicht in einem Wohngebiet, sondern in einem Gewerbegebiet liegt, so dass stärkere Beeinträchtigungen in Kauf zu nehmen sind. Dieser Einwand lässt sich aber dadurch entkräften, dass die Grenzwerte der TA-Lärm durch die Motorengeräusche in erheblichem Umfang überschritten wurden. Demzufolge liegt eine wesentliche Beeinträchtigung der Grundstücksbenutzung vor, eine Duldungspflicht nach § 906 I 1 BGB scheidet aus.

G könnte aber eine Duldungspflicht aus § 906 II 1 BGB haben. Diese gilt gerade bei wesentlichen Beeinträchtigungen. Voraussetzung ist aber, dass die wesentliche Beeinträchtigung durch eine ortsübliche Benutzung des Betriebsgrundstücks herbeigeführt wurde.

Ortsüblich ist die Benutzung des emittierenden Grundstücks, wenn in dem maßgeblichen Vergleichsbezirk eine Mehrzahl von Grundstücken mit annähernd gleich beeinträchtigender Wirkung für andere Grundstücke tatsächlich genutzt wird. Ein Vergleich kann nur anhand gleichartiger Einwirkungen vorgenommen werden, wobei der maßgebliche Vergleichsbezirk grundsätzlich das gesamte Gemeindegebiet umfasst.

Eine Beschränkung auf ein engeres Gebiet ist aber geboten, wenn dieses, wie beispielsweise ein Gewerbegebiet, wegen gleichartiger Benutzung erkennbar ein eigentümliches Gepräge aufweist. Aufgrund der Tatsache, dass die betroffenen Grundstücke in einem Gewerbegebiet liegen, ist auch ein starker Lieferverkehr wohl als ortsüblich anzusehen (a.A. vertretbar).

Weiterhin müsste die durch die ortsübliche Benutzung des Betriebsgrundstücks herbeigeführte wesentliche Beeinträchtigung nicht mittels wirtschaftlich zumutbarer Maßnahmen zu verhindern sein. Dabei kommt es entscheidend auf die Leistungsfähigkeit eines durchschnittlichen Benutzers an. Der Fabrikinhaber hätte durch einen Mitarbeiter oder mittels Hinweisschilder die Lieferanten auf die Lärmbelästigung aufmerksam machen können und die Weisung erteilen können, die Motoren der Lkw vor dem Fabrikgelände abzustellen. Folglich waren wirtschaftlich zumutbare Maßnahmen möglich, um die Störung zu verhindern. Daher scheidet eine Duldungspflicht aus § 906 II 1 BGB aus.

Merke: Siehe dazu auch Fall 2 in Hemmer/Wüst, die 43 wichtigsten Fälle für Anfangssemester, Sachenrecht II.

cc) Ausgeschlossene Duldungspflicht

Ausschluss der Duldungspflicht durch besondere Leitung, § 906 III BGB

§ 906 III BGB schließt eine Duldungspflicht nach § 906 I 1 BGB oder gem. § 906 II 1 BGB aus, wenn die an sich zu duldende Einwirkung durch eine besondere Leitung (z.B. Auspuffrohr auf der Grenze) zugeführt wird. Die Zuführung durch eine besondere Leitung ist also niemals zu dulden. 69

Bsp.: *Eine eigentlich i.S.v. § 906 I 1 BGB die Grundstücksbenutzung unwesentlich beeinträchtigende Zuführung von Wasserdampf durch ein Rohr auf der Grenze, das zum Nachbarn gerichtet ist, ist wegen § 906 III BGB niemals zu dulden.*

hemmer-Methode: Ist wie in dem Beispielsfall § 906 III BGB unstreitig gegeben, so brauchen Sie grundsätzlich keine langen Ausführungen zu einer Duldungspflicht nach § 906 I 1, II 1 BGB zu machen. Es gilt der Grundsatz, dass kein Tatbestandsmerkmal Vorrang vor einem anderen hat. Etwas anderes kann sich aber dann ergeben, wenn im Sachverhalt Ausführungen zu den Absätzen I und II gemacht werden. Hier gilt es dann, die im Sachverhalt angesprochenen Probleme zu bearbeiten.

c) Ausgleichsansprüche aus dem Immissionsrecht

Ausgleichsansprüche nach § 906 II 2 BGB und § 906 II 2 BGB analog

Aus dem Immissionsrecht des BGB werden neben Duldungspflichten auch Ausgleichsansprüche für die betroffenen Grundstückseigentümer geregelt. Neben dem ausdrücklich kodifizierten Anspruch in § 906 II 2 BGB wird von der Rechtsprechung auch ein Ausgleichsanspruch bei sog. faktischem Duldungszwang in Analogie zu § 906 II 2 BGB gewährt. 70

aa) Ausgleichsanspruch nach § 906 II 2 BGB

Voraussetzungen des § 906 II 2 BGB

Prüfungsschema zum Ausgleichsanspruch nach § 906 II 2 BGB: 71

- ⇨ Duldungspflicht nach § 906 II 1 BGB
- ⇨ Zu duldende Einwirkung muss eine ortsübliche Benutzung des **betroffenen Grundstücks** oder dessen Ertrag in unzumutbarer Weise beeinträchtigen

Rechtsfolge: angemessener Ausgleich in Geld (Geldanspruch)

Verschuldensunabhängiger Ausgleichsanspruch

Soweit eine Einwirkung nach § 906 II 1 BGB zu dulden ist, kann sich aus § 906 II 2 BGB ein verschuldensunabhängiger Anspruch des beeinträchtigten Eigentümers auf angemessenen Ausgleich in Geld ergeben. 72

§ 906 II 2 BGB analog bei Besitzer

Der BGH gewährt auch dem Grundstücksbesitzer einen Ausgleichsanspruch nach § 906 II 2 BGB analog. Er begründet die Analogie damit, dass im Gegensatz zum Eigentümer für den Besitzer nur die Ausschlussansprüche (§ 862 I BGB) geregelt seien, nicht aber die Ausgleichsansprüche, so dass eine **planwidrige Regelungslücke** vorliege. 73

Die **Vergleichbarkeit der Interessenlagen** von Eigentümer und Besitzer führt er darauf zurück, dass der Besitzer genauso und zum Teil auch stärker als der Grundstückseigentümer durch eine Immission beeinträchtigt sein kann. Der Mieter eines Grundstücks wird durch Gerüche einer Schweinemastanlage z.B. stärker berührt als Eigentümer, der den Gerüchen nicht unmittelbar ausgesetzt ist.

hemmer-Methode: Eine Analogie setzt eine planwidrige Regelungslücke und eine vergleichbare Interessenlage voraus. In einer Klausur sollten Sie eine Analogie begründen, indem Sie sauber unter deren tatbestandliche Anforderungen subsumieren. Dies zeigt juristisches Verständnis und ein Fehler wiegt dann weniger schwer: Es kommt immer auf die Begründung an!

Unzumutbare Beeinträchtigung

Voraussetzung des § 906 II 2 BGB ist, dass die zu duldende Einwirkung die ortsübliche Benutzung oder den Ertrag des Grundstücks über das zumutbar Maß hinaus beeinträchtigt. Ortsüblich ist eine Benutzung, wenn in dem maßgeblichen Vergleichsbezirk eine Mehrzahl von Grundstücken annähernd gleich genutzt werden. Die Zumutbarkeit ergibt sich wieder aus der Sichtweise eines durchschnittlichen Benutzers im konkreten Einzelfall. 74

Zur Wiederholung: Der Bezugspunkt für die Ortsüblichkeit differiert in § 906 II BGB. Bei Satz 1 kommt es auf die Ortsüblichkeit der Benutzung des emittierenden Grundstücks an, d.h. maßgeblich ist das Grundstück, von dem die Einwirkung (Immission) ausgeht. In Satz 2 kommt es hingegen darauf an, ob die ortsübliche Benutzung des beeinträchtigten Grundstücks selbst beeinträchtigt ist!

Anspruchsinhalt

Als Rechtsfolge sieht § 906 II 2 BGB einen angemessenen Ausgleich in Geld vor. Dabei ist die Vermögenseinbuße auszugleichen, die durch das Überschreiten der Zumutbarkeitsgrenze entsteht. Ausgeglichen wird also nur der unzumutbare Teil der Beeinträchtigung. Von dem Ausgleichsanspruch sind aber auch die Aufwendungen für die Beseitigung des unzumutbaren Teils umfasst. 75

Bsp.: *Ein Grundstück hatte ursprünglich einen Verkehrswert von 1 .Million €. Infolge einer nach § 906 II 1 BGB zu duldenden Einwirkung sinkt dieser auf 800.000 €. Eine nach § 906 II 2 BGB noch zumutbare Einwirkung hätte den Verkehrswert fiktiv bloß auf 950.000 € gesenkt. Der nach § 906 II 2 BGB auszugleichende unzumutbare Teil umfasst daher die Differenz zwischen dem infolge der Einwirkung tatsächlichen Verkehrswert und dem fiktiven Verkehrswert i.H. der Zumutbarkeitsgrenze (150.000 €).*

Schuldner

Anspruchsgegner und damit ausgleichspflichtig ist der die beeinträchtigende Nutzungsart bestimmende Nutzer des emittierenden Grundstücks.

bb) Ausgleichsanspruch bei einem sog. faktischem Duldungszwang

Voraussetzungen des § 906 II 2 BGB analog bei faktischem Duldungszwang

Prüfungsschema zum Ausgleichsanspruch beim sog. faktischen Duldungszwang (§ 906 II 2 BGB analog): 76

⇨ Jedwede Beeinträchtigung durch privatrechtliche Benutzung (nicht hoheitliche), unabhängig davon, ob eine Immission i.S.v. § 906 I 1 BGB oder eine ortsübliche Benutzung vorliegt

⇨ Rechtswidrigkeit der Einwirkung, d.h. keine Duldungspflicht (insbesondere nicht aus § 906 I 1, II 1 BGB) und daher auch grundsätzlich Abwehransprüche aus §§ 862 I, 1004 I BGB des Grundstückseigentümers oder des Grundstücksbesitzers

⇨ Grundstückseigentümer oder Grundstücksbesitzer sind aus besonderen Gründen verhindert, die Abwehransprüche geltend zu machen; besondere Gründe sind hierbei, dass der Betroffene die abzuwehrende Gefahr nicht rechtzeitig erkannt hat und auch nicht erkennen konnte.

Rechtsfolge: angemessener Ausgleich in Geld (wie § 906 II 2 BGB)

Faktischer Duldungszwang

Die Rechtsprechung hat in zahlreichen Einzelfällen den Ausgleichsanspruch nach § 906 II 2 BGB ausgedehnt. Danach ist auch dann ein nachbarrechtlicher Ausgleichsanspruch nach § 906 II 2 BGB analog gegeben, wenn von einem Grundstück i.R. seiner privatwirtschaftlichen Benutzung Einwirkungen auf ein anderes Grundstück ausgehen, die das zumutbare Maß einer entschädigungslos hinzunehmenden Beeinträchtigung übersteigen, sofern der davon betroffene Eigentümer aus besonderen Gründen gehindert war, diese Einwirkung gem. § 1004 I BGB bzw. § 862 I BGB zu unterbinden. 77

Merke: § 861 I BGB ist genauso wie § 985 BGB auf Wiedereinräumung des Besitzes gerichtet, während § 862 I BGB wie auch § 1004 I BGB auf Beseitigung einer Störung gerichtet sind. Beachten Sie immer dieses korrespondierende Verhältnis.

Besondere Gründe

Die besonderen Gründe können rechtlicher oder tatsächlicher Art sein. 78

Bsp. für tatsächliche Gründe: *fehlende Erkennbarkeit von schädlichen Auswirkungen*

Bsp. für rechtliche Gründe: *die wegen der komplizierten Rechtslage fehlende Möglichkeit, wirksamen Rechtsschutz zu erlangen*

Begründung der Analogie

Die planwidrige Regelungslücke ergibt sich aus dem Fehlen entsprechender Ausgleichsansprüche. Dagegen spricht auch nicht, dass die Planwidrigkeit der Regelungslücke durch das verschuldensabhängige Deliktsrecht ausgeschlossen wird. 79

§ 906 II 2 BGB zeigt gerade, dass im Nachbarschaftsrecht das Bedürfnis verschuldensunabhängiger Ausgleichsansprüche besteht. Die Vergleichbarkeit der Interessenlage ergibt sich aus dem Zweck des § 906 II 2 BGB, der gerade einen billigen Ausgleich auf der Grundlage des nachbarrechtlichen Gemeinschaftsverhältnisses schaffen will.

hemmer-Methode: Nach dem BGH hat der Ausgleichsanspruch nach § 906 II 2 BGB analog keinen subsidiären Charakter, so dass er auch dann greift, wenn der Störer bereits nach anderen Vorschriften haftet.

Interessengerechter Ausgleich

Die Anwendung des § 906 II 2 BGB auf diese Fallkonstellationen entspricht einer gerechten Abwägung der beiderseitigen Interessen. Zum einen hat der Störer eine Gefahrenquelle beherrscht, eine Beeinträchtigung veranlasst und kann trotzdem die Benutzung weiter betreiben und deren Vorteile ziehen. Auf der anderen Seite hat der Betroffene letztlich die Einwirkungen zu dulden, obwohl ihm Abwehransprüche zustanden und der Störer die Ursache gesetzt hat, deren Vorteile genutzt hat und die Gefahr besser beherrschen konnte. 80

Ein Ausgleichsanspruch für den Betroffenen ist folglich nur gerecht und billig.

Besondere Probleme

Besondere Probleme hinsichtlich der Anwendung von § 906 II 2 BGB entstehen, wenn auf Seiten der Störer mehrere Personen gehandelt haben oder aber bei Störungen innerhalb eines Mietshauses, vgl. dazu Hemmer/Wüst, Sachenrecht III, Rn. 26c.

Fall

Bsp.: *Auf einem als Schießplatz genutzten Grundstück des E sammelt sich im Boden im Laufe der Jahre eine stark erhöhte Bleikonzentration, die das Nachbargrundstück mit verunreinigt. Nachbar N verlangt deswegen Entschädigung. Er macht geltend, dass er die Beeinträchtigung bisher nicht habe erkennen können.* 81

Lösung:

Etwaige Schadensersatzansprüche des N gegen E entfallen mangels nachweisbaren Verschuldens des E. Mit derartigen Folgen musste E nicht rechnen.

Eine Entschädigung nach § 906 II 2 BGB scheidet ebenfalls aus, da für N keine Duldungspflicht bestand, denn die Einwirkungen stellten keine Immissionen i.S.v. § 906 I 1 BGB dar.

Allerdings ist für den Fall ein Anspruch aus § 906 II 2 BGB analog anerkannt, dass faktisch für ihn ein Duldungszwang besteht. Die fehlende Erkennbarkeit genügt, um einen besonderen Grund zu bejahen. N hat gegen E einen Ausgleichsanspruch nach § 906 II 2 BGB.

d) Überhang, § 910 BGB

§ 910 BGB als Selbsthilferecht

§ 910 BGB gibt dem Eigentümer des beeinträchtigten Grundstücks ein Selbsthilferecht auf bestimmte fremde Sachen des Grundstücksnachbarn einzuwirken, ohne dass er Schadensersatzansprüchen ausgesetzt ist. 82

Duldungspflicht/Rechtfertigungsgrund

Merke: Auch § 910 BGB stellt keine Anspruchsgrundlage, sondern nur eine Duldungspflicht des Grundstückseigentümers dar, von dem der Überhang ausgeht. Für den beeinträchtigten Grundstückeigentümer ist § 910 BGB ein Rechtfertigungsgrund.

§ 910 I 1 BGB

Nach § 910 I 1 BGB kann der Eigentümer eingedrungene Wurzeln eines Baumes oder Strauches beseitigen, wenn die Wurzeln das Grundstück beeinträchtigen (vgl. § 910 II BGB). 83

§ 910 I 2 BGB

Gem. § 910 I 2 BGB gilt das gleiche bei herüberragenden Zweigen, wobei der Eigentümer zusätzlich eine angemessene Frist zur Beseitigung setzen muss, bevor er zur Tat schreitet.

Beseitigungsanspruch aus § 1004 I BGB

Umgekehrt ist auch der Eigentümer eines Baums verpflichtet, dafür Sorge zu tragen, dass die Wurzeln nicht in das Nachbargrundstück wachsen. Somit ist er bei Verletzung dieser Pflicht dem Grundstücksnachbarn gegenüber nach § 1004 I BGB zur Beseitigung verpflichtet. 84

Kostenerstattung für Selbstvornahme nach §§ 812, 818 BGB

Der durch den Überhang gestörte Grundstückseigentümer kann die Beseitigung selbst vornehmen und die dadurch entstandenen Kosten nach §§ 812, 818 BGB erstattet verlangen, denn schließlich hat der den Anspruchsgegner von dessen Verbindlichkeit aus § 1004 BGB befreit. 85

e) Der zu duldende Überbau

Überbau

Eine weitere Duldungspflicht des Grundstückseigentümers ergibt sich für die Fälle des Überbaus nach § 912 I BGB. Daneben gewähren die §§ 912 II, 913 f. BGB Ausgleichsansprüche für einen Überbau. 86

> **Bsp.:** *Infolge grober Fahrlässigkeit des Architekten A wird das Haus des Grundstückseigentümers U auf einem schmalen Streifen über die Grenze auf das Grundstück des E gebaut, der dies zunächst still hinnimmt. U selbst konnte als Laie den Überbau nicht erkennen.*

aa) Duldungspflicht nach § 912 I BGB

Voraussetzungen

Voraussetzungen des § 912 I BGB: 87

- ⇨ Überschreitung der Grundstücksgrenze mit dem Gebäude (= Überbau)
- ⇨ Kein Vorsatz oder grobe Fahrlässigkeit des Überbauenden
- ⇨ Kein sofortiger Widerspruch des beeinträchtigten Grundstückseigentümers

Rechtsfolge: Duldungspflicht für beeinträchtigten Grundstückseigentümer.

§ 912 I BGB regelt Interessenkonflikt

§ 912 I BGB regelt den Konflikt, der entsteht, wenn ein Grundstückseigentümer über die Grenze seines Grundstücks ein Gebäude baut. Ohne Regelung des § 912 I BGB hätte der beeinträchtigte Eigentümer folgende Rechte (anhand des Beispiels dargestellt): 88

> *Wegen der §§ 93, 94, 946 BGB könnte E der Eigentümer des auf seinem Grundstücks gebauten Teils des Hauses sein. Gleichzeitig hätte er einen Beseitigungsanspruch nach § 1004 I BGB und Schadensersatzansprüche nach § 823 I BGB oder Ausgleichsansprüche nach § 906 II 2 BGB.*

Dieses wirtschaftlich bedenkliche Ergebnis wird durch § 912 I BGB zu einem der Interessenlage entsprechenden verhältnismäßigen Ausgleich gebracht, indem der beeinträchtigte Eigentümer nur bei grobe Fahrlässigkeit oder Verschulden die oben dargestellten Ansprüche geltend machen kann. Ansonsten schließt § 912 I BGB diese Ansprüche aus. 89

bb) Entschädigung durch Überbaurente, §§ 912 II, 913 f. BGB

Entschädigung nach §§ 912 II, 913 f. BGB

Dem beeinträchtigten Eigentümer wird eine Entschädigung für die Duldungspflicht nach § 912 I BGB als Ausgleich für den Nutzungsverlust über §§ 912 II, 913 f. BGB gewährt. 90

Dabei schließt die spezielle Entschädigungspflicht Ansprüche des Eigentümers aus §§ 823 I, 906 II 2 BGB aus, soweit sie auf den Ausgleich des Nutzungsverlustes gerichtet sind.

hemmer-Methode: Eine ausführlichere Behandlung würde den Rahmen dieses Skripts sprengen. Siehe daher Hemmer/Wüst, Sachenrecht III, Rn. 32.

cc) Eigentumslage am Überbau

Eigentumslage am Überbau nicht durch § 912 I BGB geregelt

§ 912 I BGB trifft keine Regelung bzgl. der Eigentumslage am Überbau, sondern behandelt nur eine Duldungspflicht. Daher gelten für die Bestimmung des Eigentums die allgemeinen Vorschriften der §§ 946, 93 ff. BGB. 91

Hierzu werden zwei Ansichten vertreten:

H.M.: Überbau gehört beeinträchtigtem Eigentümer wegen §§ 946, 93, 94 I BGB

Die h.M. wendet die §§ 946, 93, 94 I BGB stringent an und kommt zu einer Teilung des Gebäudes an der Grundstücksgrenze, so dass dem beeinträchtigten Eigentümer der Überbau zusteht. 92

A.A.: Überbau gehört überbauendem Eigentümer wegen §§ 93, 94 II BGB

Die andere Ansicht greift auf die §§ 93, 94 II BGB zurück, nach denen besondere Rechte an besonderen Gebäudeteilen nicht zulässig sein sollen. Danach gehört das gesamte Gebäude dem überbauenden Grundstückseigentümer.

Konsequenzen bei entschuldigtem Überbau gleich: Überbau gehört überbauendem Eigentümer

Die Konsequenzen dieser unterschiedlichen Auffassungen sind für den nach § 912 I BGB entschuldigten Überbau gleich, da die h.M. auch hier dem Überbauenden das Eigentum am Überbau einräumt. 93

Begründen lässt sich dies damit, dass § 912 I BGB ein Recht an einem Nachbargrundstück gem. § 95 I 2 BGB (Scheinbestanteil) gewährt. Der Gedanke der wirtschaftlichen Einheit muss gewahrt werden.

Konsequenzen bei unentschuldigtem Überbau unterschiedlich

Die Konsequenzen beim unentschuldigten Überbau divergieren. Nach einer Ansicht erfolgt keine Zuordnung zum überbauten Grundstück, da der beeinträchtigte Eigentümer durch die allgemeinen Ansprüche aus §§ 823 I, 906 II 2, 1004 I BGB ausreichend geschützt ist. 94

Die h.M. dagegen wendet die §§ 946, 93, 94 I BGB an und nimmt eine Vertikalteilung des Gebäudes vor, so dass der beeinträchtigte Eigentümer auch den Überbau erhält.

dd) Sonderproblem: Verschuldenszurechnung bei § 912 I BGB

Verschuldenszurechnung bei § 912 I BGB

Bei § 912 I BGB stellt sich das Problem, inwieweit und nach welchen Vorschriften dem Eigentümer ein Verschulden von Dritten zugerechnet wird. Eine Darstellung dieses Problem soll klausurtypisch anhand der Lösung des Beispielfalls in Rn. 86 erfolgen: 95

Lösung des Beispielfalls

Lösung: 96

Ein Anspruch des E gegen U bzgl. des Überbaus wäre auf die Entschädigungspflicht nach §§ 912 II, 913 f. BGB beschränkt, soweit die Voraussetzungen für eine Duldungspflicht nach § 912 I BGB erfüllt wären. Fraglich ist nur, ob U hinsichtlich des Überbaus grobe Fahrlässigkeit oder Vorsatz zur Last fällt, da E nicht widersprochen hat. U selbst trifft weder Vorsatz noch grobe Fahrlässigkeit, weil er den Überbau nicht erkennen konnte und auch Anhaltspunkte für ein Überwachungsverschulden fehlen.

Grob fahrlässig handelte aber der von U eingesetzte A. Dies ist U nach der Rspr. wie eigenes Verschulden zuzurechnen, § 166 I BGB analog. Somit trifft nach der Rspr. über § 166 I BGB analog auch U der Vorwurf der groben Fahrlässigkeit. Folglich bestünde keine Duldungspflicht des E aus § 912 I und er könnte die allgemeinen Ansprüche nach §§ 823 I, 906 II 2, 1004 I BGB geltend machen. Eigentümer wäre nach h.M. E (s.o.).

Nach einer anderen Ansicht kann i.R. des § 912 I BGB eine Verschuldenszurechnung nur über § 278 BGB oder § 831 BGB erfolgen. Eine Verschuldenszurechnung würde dann scheitern.

Denn der A ist mangels sozialer Abhängigkeit von U nicht dessen Verrichtungsgehilfe nach § 831 BGB und eine Zurechnung über § 278 BGB scheitert, weil das hierfür nötige Schuldverhältnis zwischen U und E zumindest nicht in der bloßen Nachbarschaft begründet ist.

Damit wäre nach diesen Ansichten der von A grob fahrlässig getätigte Überbau U nicht zuzurechnen, also entschuldigt, und von E gegen eine Überbaurente gem. §§ 912 f. BGB zu dulden. Eigentümer des Überbaus wäre nach allgemeiner Meinung U.

hemmer-Methode: Hier ist es durchaus vertretbar und angebracht, gegen die Auffassung des BGH zu argumentieren. § 166 I BGB rechnet nämlich Wissen bei rechtsgeschäftlichem Handeln zu.
Der Überbau stellt aber auf eine tatsächliche Handlung ab. Zudem erfordert § 912 BGB die Zurechnung von grober Fahrlässigkeit oder Vorsatz und nicht von Wissen.
Konsequenter erscheint es deshalb, die Verschuldenszurechnung beim Überbau, der als Eigentumsbeeinträchtigung ohnehin dem Deliktsrecht nahe steht, über eine entsprechende Anwendung des § 831 BGB zu behandeln. Folge hiervon ist neben dem Erfordernis eines (abhängigen) Verrichtungsgehilfen die Möglichkeit der Exkulpation, § 831 I 2 BGB.

f) Der Notweg, §§ 917 f. BGB

Voraussetzungen eines Notwegs nach § 917 I BGB

Voraussetzungen für die Duldung eines Notwegs gem. § 917 I BGB: 97

- ⇨ Fehlende Verbindung zu einem öffentlichen Weg
- ⇨ Verbindung notwendig zur ordnungsmäßigen Benutzung des verbindungslosen Grundstücks
- ⇨ Notwendigkeit der Benutzung des Verbindungsgrundstücks
- ⇨ Benutzungsverlangen (= einseitige empfangsbedürftige Willenserklärung)
- ⇨ Kein Ausschluss i.S.v. § 918 BGB

§ 917 I BGB als Duldungspflicht

Das Notwegerecht nach § 917 I BGB stellt eine Duldungspflicht für den Eigentümer des Grundstücks mit einer Anbindung zu öffentlichen Wegen (= Verbindungsgrundstück) dar. § 917 BGB schützt also das Interesse des Grundstückseigentümers an einer Benutzung des Grundstücks für die eine Zugangsmöglichkeit unabdingbare Voraussetzung ist. 98

Fehlen einer Verbindung

Eine Verbindung muss rechtlich und tatsächlich fehlen. Daher greift § 917 BGB nicht, wenn zwar tatsächlich eine Verbindung nicht besteht, aber aufgrund eines dinglichen Wegerechts (§ 1018 BGB) ein Zugang zu öffentlichen Wegen möglich ist. 99

Ordnungsgemäße Benutzung

Voraussetzung des § 917 I BGB ist, dass die begehrte Verbindung zu einem öffentlichen Weg zur ordnungsgemäßen Benutzung des Grundstücks notwendig ist. Der Grundstückseigentümer muss ein konkretes Bedürfnis für das Notwegerecht geltend machen. Für die Beurteilung der Ordnungsmäßigkeit der Benutzung sind die Lage und die Wirtschaftsart des Grundstücks entscheidend. 100

Notwendigkeit der Benutzung

Des Weiteren muss die Überquerung des Nachbargrundstücks nach Art und Ausmaß notwendig sein. Hierbei können Sie auf die allgemeine Definition der Erforderlichkeit (= Notwendigkeit) aus dem Verfassungsrecht zurückgreifen. 101

Danach ist etwas erforderlich (notwendig), wenn von mehreren gleich geeigneten Maßnahmen die weniger belastende gewählt wird. Gerade, wenn mehrere Verbindungsmöglichkeiten bestehen, muss also das relativ geringste „Übel", sofern es gleich geeignet ist, gewählt werden (Interessenabwägung).

Duldungspflicht erst ab Verlangen (= WE)

Zu beachten ist, dass die Duldungspflicht nicht von selbst entsteht, sondern es bedarf eines Verlangens des Eigentümers des verbindungslosen Grundstücks in Form einer einseitigen empfangsbedürftigen Willenserklärung. 102

Ausschluss nach § 918 I BGB

Das Notwegerecht nach § 917 I BGB ist gem. § 918 I BGB ausgeschlossen, wenn der Eigentümer eine bisherige Verbindung selbst durch rechtliche oder tatsächliche Handlungen aufgehoben hat.

Konkrete Ausgestaltung durch Gericht

Nach § 917 I 2 BGB obliegt die konkrete Ausgestaltung des Notwegerechts dem Gericht. 103

Entschädigungsanspruch

Nach § 917 II BGB ergibt sich ein Entschädigungsanspruch des Eigentümers des Verbindungsgrundstücks.

Beachten Sie, dass das Notwegerecht nicht eintragungsfähig ist wegen §§ 917 II 2, 914 II 1 BGB!

g) Sonstiges Nachbarschaftsrecht des BGB

§§ 907 ff., 919 ff. BGB

Weitere Vorschriften des Nachbarschaftsrechts des BGB finden sich in §§ 907 ff., 919 ff. BGB, die aufgrund ihrer geringen Relevanz in Klausuren und Praxis nicht besprochen werden. 104

2. Begrenzung durch privatrechtliches Nachbarrecht der Länder

Begrenzung durch Landesrecht

Eine Begrenzung der Eigentümerbefugnisse kann auch durch Landesrecht erfolgen, vgl. Art. 124 EGBGB, welches aber für Klausuren keine Rolle spielt und daher hier nicht behandelt wird. So können landesrechtliche Normen insbesondere konkretisieren, in welchen Abständen zur Grenze und in welcher Höhe Hecken gepflanzt werden dürfen. 105

Sollte das Thema in der Klausur relevant werden, könnten Sie erwarten, dass auf die entsprechenden Vorschriften hingewiesen wird.

3. Begrenzung durch § 905 S.2 BGB

§ 905 S.2 BGB = Fall des mangelnden Eigeninteresses

§ 905 S.2 BGB regelt einen Fall des mangelnden Eigeninteresses. Danach kann der Eigentümer keine Abwehrrechte geltend machen für Einwirkungen, die aber so hoch oder so tief vorgenommen werden, dass ein Interesse des Eigentümers nicht betroffen ist (z.B. U-Bahn-Bau oder überschwenkender Baukran). 106

Umstritten ist die Anwendung von § 906 II 2 BGB analog auf den Fall des § 905 S.2 BGB, so dass dem Eigentümer ein Ausgleichsanspruch zustände. Dagegen könnte das Fehlen einer vergleichbaren Interessenlage sprechen, da § 905 S.2 BGB einen Fall des mangelnden Eigeninteresses regelt, während § 906 II BGB ein überwiegendes Fremdinteresse erfordert.

Letztlich wird aber eine Entscheidung des Meinungsstreits dahinstehen können, da i.d.R. bei mangelndem Eigeninteresse (§ 905 S.2 BGB) auch keine wesentliche und unzumutbare Beeinträchtigung i.S.v. § 906 II BGB gegeben sein wird.

4. Begrenzung durch Notstand, §§ 904, 228 BGB

§§ 228, 904 BGB als Duldungspflichten und Rechtfertigungsgründe

107 Die §§ 228, 904 BGB als Regelungen des Notstands im BGB stellen eine Duldungspflicht für den Eigentümer der Sache auf, von der eine Gefahr ausgeht (§ 228 BGB, sog. defensiver Notstand) bzw. wenn deren Beeinträchtigung zur Gefahrenabwehr notwendig ist (§ 904 BGB, sog. aggressiver Notstand). Des Weiteren gewähren sie einen Rechtfertigungsgrund.

Voraussetzungen des § 228 BGB

108 **Voraussetzungen des § 228 BGB:**

⇨ Notstandslage:

a) notstandsfähiges Rechtsgut = eigene oder fremde Rechtsgüter jeder Art;
b) drohende Gefahr für Rechtsgut;
c) durch fremde Sache

⇨ Notstandshandlung: Beschädigung oder Zerstörung der Sache, von der die Gefahr ausgeht

⇨ Grenzen:

a) Erforderlichkeit der Notstandshandlung zur Abwehr der Gefahr;
b) Verhältnismäßigkeit des durch die Notstandshdlg. angerichteten Schadens zur abgewendeten Gefahr

⇨ Verteidigungswille

Voraussetzungen des § 904 BGB

109 **Voraussetzungen des § 904 BGB:**

⇨ Notstandslage:

a) notstandsfähiges Rechtsgut = eigene und fremde Rechtsgüter jeder Art;
b) gegenwärtige Gefahr für Rechtsgut;

⇨ Notstandshandlung durch Einwirkung auf irgendeine Sache

⇨ Grenzen:

a) Notwendigkeit der Notstandshandlung zur Abwehr der Gefahr;
b) der drohende Schaden muss gegenüber dem aus der Einwirkung unverhältnismäßig groß sein

⇨ Verteidigungswille

hemmer-Methode: Verknüpfen Sie Ihr Wissen mit anderen Rechtsgebieten. Die §§ 228, 904 BGB sind wie allgemeine Rechtfertigungsgründe des StGB aufgebaut, d.h. es gibt immer vier Ebenen: (1) Rechtsfertigungslage; (2) Rechtfertigungshandlung; (3) Grenzen der Rechtfertigungshandlung; (4) Subjektives Rechtfertigungselement. Auch im BGB gilt wie im Strafrecht, dass gegen eine nach §§ 228, 904 BGB gerechtfertigte Handlung keine Notwehr mehr möglich ist.

§ 904 S.2 BGB = verschuldensunabhängiger Schadensersatzanspruch

Die Duldungspflicht des Eigentümers nach § 904 S.1 BGB korrespondiert mit dem verschuldensunabhängigen Schadensersatzanspruch nach § 904 S.2 BGB, denn schließlich wird ein fremdes Interesse über seine Eigentümerinteressen gestellt. Die Ersatzpflicht richtet sich dabei immer gegen den Einwirkenden, auch wenn dieser nicht Begünstigter der Notstandshandlung ist. 110

Anmerkung: Lesen Sie zu den §§ 228, 904 BGB Hemmer/Wüst, Sachenrecht III, Rn. 41.

5. Begrenzung durch Schikaneverbot, § 226 BGB

§ 226 BGB

Das Schikaneverbot des § 226 BGB regelt ein Rechtsausübungsverbot für den Fall, dass dem Grundstückseigentümer ein schützenswertes Interesse fehlt. Voraussetzung ist, dass die Ausübung der Eigentümerbefugnisse nach Lage der Umstände objektiv allein die Schadenszufügung bezweckt. 111

> ***Bsp.:*** *Der Vater verbietet dem Sohn jeglichen Zutritt zu dem auf seinem Grundstück befindlichen Grab der Mutter.*

III. Rechtsgeschäftlich-dingliche Begrenzungen

Konkretisierung des Nachbarrechts durch Dienstbarkeiten

Über die gesetzlichen Regelungen des Nachbarschaftsrechts in den §§ 906 ff. BGB hinaus können Nachbarn ihr dingliches Verhältnis zueinander rechtlich konkretisieren. Hierzu bieten sich Grunddienstbarkeiten (§§ 1018 ff. BGB), beschränkt persönliche Dienstbarkeiten (§§ 1090 ff. BGB) und der Nießbrauch (§§ 1030 ff. BGB) an. 112

Anmerkung: Lesen Sie dazu Hemmer/Wüst, SachenR III, Rn. 43.

§ 4 Rechtsänderungen an Grundstücken

§§ 873 ff. BGB

Für Rechtsänderungen an Grundstücken stellt das Gesetz in Abschnitt 2 (§§ 873 ff. BGB) allgemeine Vorschriften auf. Diese allgemeinen Vorschriften können nach dem System des BGB bei einzelnen Grundstücksrechten durch speziellere Regelungen ergänzt oder modifiziert werden. Unter Rechtsänderungen an Grundstücken fallen die Begründung, Übertragung, Inhaltsänderung und Aufhebung von Grundstücksrechten. 113

A. Begründung und Übertragung von Grundstücksrechten, § 873 I BGB

Grundtatbestand: § 873 BGB

Grundtatbestand für die rechtsgeschäftliche Übertragung des Eigentums an Grundstücken, die Begründung von Rechten am Grundstück sowie für die Übertragung und Belastung solcher Rechte ist § 873 BGB. 114

hemmer-Methode: Bei grundstücksbezogenen Verfügungen stellt grundsätzlich § 873 BGB den Ausgangspunkt ihrer Prüfung dar. Dabei ist aber immer darauf zu achten, inwiefern das Gesetz bei den einzelnen Grundstücksrechten modifizierende oder ergänzende Sonderregelungen trifft. Die nachfolgenden Ausführungen zu § 873 BGB stellen daher die wesentlichen Grundaussagen zu grundstücksbezogenen Verfügungen dar, die bei der späteren Darstellung des Erwerbs der einzelnen Grundstücksrechte vorausgesetzt werden.

I. Anwendungsbereich des § 873 BGB

Anwendungsbereich des § 873 BGB

<u>**In den Anwendungsbereich des § 873 BGB fallen:**</u> 115

- ⇨ die Übertragung des Grundstückseigentums (i.V.m. § 925 BGB)
- ⇨ die Belastung des Grundstücks mit einem beschränkten dinglichen Recht
- ⇨ die Übertragung von beschränkt dinglichen Rechten an einem Grundstück
- ⇨ die Belastung eines beschränkt dinglichen Rechts an einem Grundstück

§ 873 BGB erfordert Rechtsgeschäft

§ 873 BGB gilt ausschließlich für die rechtsgeschäftliche Begründung und Übertragung von Grundstücksrechten, nicht jedoch für Rechtsänderungen kraft Gesetzes oder durch Hoheitsakt. Zudem erfordert § 873 BGB immer einen Wechsel des Rechtsträgers. 116

Keine rechtsgeschäftliche Übertragung

Keine rechtsgeschäftliche Übertragung und damit keinen Fall des § 873 BGB stellt der Erwerb i.R.d. Gesamtrechtsnachfolge (§§ 1922, 2139 BGB) dar. Dies gilt sogar dann, wenn eines der in § 873 BGB genannten Grundstücksrechte der einzige Vermögensgegenstand ist. § 873 BGB gilt weiterhin mangels rechtsgeschäftlicher Übertragung nicht für den Fall, dass das Eigentum kraft Hoheitsakt übergeht (z.B. Zuschlag nach § 90 ZVG). Zum Eigentumserwerb kraft Hoheitsakt lesen Sie Fall 20 in Hemmer/Wüst, Die 43 wichtigsten Fälle für Anfangssemester, Sachenrecht II. 117

Zusammenfassung

Zusammenfassung: § 873 I gilt nur für die rechtsgeschäftliche Begründung und Übertragung von Grundstücksrechten.

II. Allgemeine Tatbestandsvoraussetzungen des § 873 BGB

Voraussetzungen des § 873 BGB

Allgemeine Tatbestandsvoraussetzungen des § 873 BGB: 118

- ⇨ Einigung zwischen Veräußerer und Erwerber bzgl. des Übergangs bzw. der Begründung des Grundstücksrechts, § 873 I BGB
- ⇨ Eintragung des Erwerbers im Grundbuch, § 873 I BGB
- ⇨ Einigsein im Zeitpunkt der Eintragung (Umkehrschluss aus § 873 II BGB)
- ⇨ Berechtigung des Veräußerers, § 873 I BGB
- ⇨ Verfügungsbefugnis des Veräußerers

hemmer-Methode: Heben Sie die Tatbestandsvoraussetzungen im Gesetzestext hervor, soweit dies mit den Prüfungsordnungen Ihres Bundeslandes vereinbar ist. Dies erspart Zeit und stupides Auswendiglernen.

Grundsatz: Einigung und Übergabe

Für die Begründung und Übertragung von Grundstücksrechten bedarf es nach § 873 I BGB grundsätzlich nur einer Einigung über den Eintritt der Rechtsänderung und der Eintragung der Rechtsänderung im Grundbuch. 119

Vergleich mit Übereignung beweglicher Sachen

Eine dingliche Einigung ist wie im Fall der Übereignung oder Belastung beweglicher Sachen (vgl. §§ 929 S.1, 1032 S.1, 1205 I 1 BGB) nach § 873 I BGB auch zur Begründung und Übertragung von Grundstücksrechten allgemeine Voraussetzung für die Rechtsänderung. 120

Keine Übergabe, sondern Grundbucheintragung erforderlich

Im Gegensatz dazu ist aber für Grundstücke der Publizitätsträger nicht der Besitz (§ 1006 BGB), sondern das Grundbuch (§ 891 BGB), so dass konsequenterweise auch für eine Rechtsänderung nicht der Besitzerwechsel (= Übergabe), sondern die Eintragung im Grundbuch gem. § 873 I BGB entscheidend ist.

hemmer-Methode: Merken Sie sich daher, dass für eine Rechtsänderung an Sachen immer eine dingliche Einigung über die Rechtsänderung (§§ 873 I, 929 S.1 BGB) sowie ein Publizitätsakt (bei § 873 I: Eintragung im Grundbuch; bei § 929 S.1 BGB: Übertragung des Besitzes) erforderlich ist. Diese Grundsystematik muss der Ausgangspunkt ihrer Prüfung sein, wenn Sie die dingliche Rechtslage im Rahmen einer Klausur zu beurteilen haben.

1. Die Einigung

Einigung als dinglicher Vertrag

Nach § 873 I BGB muss über den Eintritt einer Rechtsänderung zunächst eine Einigung zwischen Erwerber und Veräußerer erzielt werden. Die Einigung ist ein Vertrag, bestehend aus zwei korrespondierenden Willenserklärungen, die in Bezug aufeinander abgegeben worden sind, wobei der veräußernde Teil seinen Rechtsentäußerungswillen und der erwerbende Teil den entsprechenden Rechtserwerbswillen kundgibt. 121

Ausnahmsweise genügt aber eine einseitige Erklärung des Eigentümers bei der Bestellung von Eigentümerrechten am Grundstück (z.B. Bestellung einer Eigentümergrundschuld gem. § 1196 BGB).

BGB-AT grundsätzlich anwendbar

Da die dingliche Einigung ein Vertrag ist, finden die Vorschriften des Allgemeinen Teils des BGB (1.Buch) grundsätzlich Anwendung. Somit kann eine auf eine Rechtsänderung gerichtete Willenserklärung auch angefochten werden oder die Einigung durch Stellvertreter vereinbart werden. 122

Die Einigung ist auch aufgrund eines Umkehrschlusses zu § 925 II BGB, der als Ausnahmevorschrift **für Grundstücke** die **Bedingungsfeindlichkeit** ausdrücklich regelt, befristungs- und bedingungsfreundlich.

Anwendung sachenrechtlicher Grundsätze

Eine weitere Folge der dinglichen Einigung beruht auf ihrem dinglichen Charakter. Danach sind die allgemeinen sachenrechtlichen Grundsätze, wie Bestimmtheit oder Abstraktionsprinzip zu beachten. Insbesondere bestimmt der numerus clausus der Sachenrechte den zulässigen Inhalt der nach dem Gesetz zulässigen Grundstücksrechte. Besondere Bedeutung gebührt auch dem Bestimmtheitsgrundsatz, der voraussetzt, dass eindeutige Erklärungen hinsichtlich des von der Rechtsänderung betroffenen Grundstücks und der Erwerbspersonen abgegeben werden. Sofern ein Verstoß gegen diesen Grundsatz gegeben ist, hat dies die Nichtigkeit der Einigung zur Folge. 123

Unterschied: Einigung/ Auflassung

Beachten Sie den Unterschied zwischen den Begriffen Einigung und Auflassung. Die Einigung stellt den Oberbegriff, während nach § 925 I BGB die Einigung für den Fall der Übereignung eines Grundstücks Auflassung genannt wird.

Einigung grundsätzlich formfrei

Im BGB gilt der Grundsatz der Formfreiheit, da Formvorschriften besonders und ausdrücklich geregelt sind und folglich die Ausnahme bilden. Übertragen auf die dingliche Einigung bedeutet dies mangels gegenteiliger Regelung in § 873 I BGB, dass auch hier grundsätzlich keine Form erforderlich ist. Eine Ausnahme dazu stellt § 925 S.1 BGB dar, der für den Fall einer Grundstückübertragung die Formbedürftigkeit der Einigung (genannt Auflassung) anordnet. 124

Grundsätzlich keine Bindung an Einigung

Als Rechtsgeschäft, das unmittelbar auf eine Rechtsänderung gerichtet ist, fehlt der Einigung nach § 873 I BGB ein verpflichtendes Element. Sie ist deshalb im Gegensatz zu dem ihr zugrunde liegenden schuldrechtlichen Verpflichtungsgeschäft nicht bindend, sondern grundsätzlich frei widerruflich. Die fehlende Bindungswirkung ergibt sich aus einem Umkehrschluss zu § 873 II BGB, der gerade nur ganz bestimmte Fälle regelt, in denen eine Bindung an die Einigung des § 873 I BGB erfolgen soll. Trotzdem gilt auch hier § 130 II BGB, so dass auch im Falle des Todes einer Partei deren Willenserklärung unbeeinflusst bleibt und erst durch einen Widerruf des Erben bis zum Eintritt der Bindungswirkung beseitigt werden kann. 125

Ausnahme Bindung nach § 873 II BGB

In den abschließend geregelten Fällen des § 873 II BGB wird die Einigung unwiderruflich, wobei das Vorliegen einer Variante genügt („oder"), um die Unwiderruflichkeit zu begründen. § 873 II BGB zählt vier Fälle auf, denen gemeinsam ist, dass der Einigungswille in besonderer Form nach außen offenbart worden ist. 126

Fälle der Bindungswirkung

Fälle der Bindung nach § 873 II BGB: 127

- ⇨ notariell beurkundete Einigung
- ⇨ Abgabe der Einigung vor dem Grundbuchamt
- ⇨ Einreichung der Einigung beim Grundbuchamt
- ⇨ Berechtigter (= Veräußerer) hat dem anderen Teil neben der Einigung eine Eintragungsbewilligung nach § 19 GBO ausgehändigt

Bindung ab Rechtsänderung

Aus § 873 II BGB ergibt sich außerdem, dass mit Eintragung der Rechtsänderung im Grundbuch eine Bindung an die Einigung eintritt. Demzufolge kann eine bereits bewirkte Rechtsänderung nicht mehr durch Widerruf einer Willenserklärung als Teil der Einigung beseitigt werden. 128

Aufhebung der Bindungswirkung

Eine bindende Einigung kann aber bis zur Grundbucheintragung durch einen formlosen Aufhebungsvertrag der Parteien beseitigt werden. Dies gilt selbst dann, wenn eine formbedürftige Einigung vorlag. Nach Eintragung verbleibt den Parteien nur die Möglichkeit einer Rückübertragung oder einer Aufhebung des Rechts gem. § 875 BGB. 129

Keine Verfügungsbeschränkung

Die bindende Wirkung nach § 873 II BGB hat keineswegs zur Folge, dass der Erwerber vor weiteren Verfügungen des Veräußerers geschützt ist. § 873 II BGB stellt keine Beschränkung der Verfügungsmacht des Veräußerers dar. Der Veräußerer kann auch nach bindender Einigung seinen Eintragungsantrag (§ 13 GBO) beim Grundbuchamt noch zurücknehmen, vgl. § 31 GBO. 130

Trennungs- und Abstraktionsprinzip

Die Einigung ist als dinglicher Vertrag vom schuldrechtlichen Verpflichtungsgeschäft zu unterscheiden (Trennungsprinzip) und in ihrem Bestand von Inhalt und Wirksamkeit des Verpflichtungsgeschäfts unabhängig (Abstraktionsprinzip). Dies bedeutet, dass Nichtigkeits- und Anfechtungsgründe, die sich auf das Grundgeschäft beziehen, grundsätzlich keine Auswirkung auf die dingliche Einigung haben. 131

Etwas anderes gilt, wenn das schuldrechtliche Grundgeschäft und die dingliche Einigung von demselben Fehler (Fehleridentität) oder je für sich von einem besonderen Fehler betroffen sind.

hemmer-Methode: Zur Fehleridentität lesen Sie bitte Hemmer/Wüst, Sachenrecht I, Rn. 32 ff.

2. Die Eintragung

Einigung und Eintragung müssen sich inhaltlich entsprechen

Die materiellen Wirksamkeitsvoraussetzungen der Rechtsänderung sind erst dann vollständig, wenn die Eintragung der Rechtsänderung im Grundbuch vorgenommen wird, § 873 I BGB. Dabei müssen sich Einigung und Eintragung inhaltlich entsprechen. Weichen Einigung und Eintragung voneinander ab, so ist die Verfügung grundsätzlich unwirksam. 132

Eine Teilunwirksamkeit der Verfügung lässt aber bei einem entsprechenden Parteiwillen (Auslegung, §§ 133, 157 BGB) die Wirksamkeit der restlichen Eintragung gem. § 139 BGB regelmäßig unberührt. Es entsteht dann das Recht im Umfang der Übereinstimmung als „kongruentes Minus". 133

Verletzung der GBO für materielle Rechtslage unbeachtlich

Die Grundbuchvorschriften als Verfahrensrecht sind für die Rechtsänderung nicht maßgeblich, soweit eine Eintragung im Grundbuch erfolgt ist. Folglich **berührt ein Verstoß gegen die Regelungen der GBO nicht die materielle Wirksamkeit der Rechtsänderung**. 134

Lösung: Eintragung und Einigung entsprechen sich inhaltlich bzgl. des Grundstücks x. 135

Keine zeitliche Reihenfolge von § 873 I BGB vorgeschrieben

Eine zeitliche Reihenfolge von Einigung und Eintragung wird von § 873 BGB nicht vorgeschrieben. Der Rechtserwerb ist aber erst dann vollendet, wenn beide Merkmale erfüllt sind. Folgt die Einigung nach der Eintragung, ist der Rechtserwerb also erst in diesem Augenblick vollendet. Dabei muss sich die Einigung auf die Eintragung beziehen und die Eintragung noch bestehen, um einen wirksamen Rechtsübergang zu bewirken. 136

Einigung und Eintragung müssen tatsächlich nebeneinander vorliegen. Deshalb ist für den Fall, dass die Einigung genehmigungsbedürftig und deshalb bis zur Genehmigung schwebend unwirksam ist, eine Rückwirkung der Genehmigung nach § 184 I BGB nutzlos, wenn zuvor die Eintragung wieder beseitigt wurde. 137

Beachten Sie, dass aus formell-rechtlichen Gründen die Einigung i.d.R. vor der Eintragung erfolgen wird, denn § 20 GBO (sog. materielles Konsensprinzip) i.V.m. § 29 GBO setzt den Nachweis der dinglichen Einigung voraus, sofern der Inhalt der Einigung auf die Übereignung eines Grundstücks gerichtet ist (= Auflassung, § 925 BGB).

Eintragungsvorgang

Der Eintragungsvorgang selbst richtet sich nach dem formellen Grundbuchrecht der GBO. Die Eintragungsvoraussetzungen sollen anhand dieses Schemas kurz erläutert werden, auch wenn das Grundbuchrecht höchstens in Grundzügen Gegenstand von zivilrechtlichen Klausuren sein wird: 138

Formelle Eintragungsvoraussetzungen der GBO

Allgemeine Eintragungsvoraussetzungen der GBO: 139

- ⇨ Antrag nach § 13 GBO: a) förmlicher Antrag (§ 13 I 1, II 1 GBO); b) Antragsberechtigung, § 13 I 2 GBO; c) Eintragungsfähigkeit des Begehrens
- ⇨ Einseitige Eintragungsbewilligung nach § 19 GBO (Bewilligungsberechtigung des „verlierenden Teils") oder (neben Eintragungsbewilligung, str.) Nachweis der Auflassung nach § 20 GBO im Falle der Grundstücksübereignung
- ⇨ Voreintragung des Betroffenen (= „verlierender Teil") nach § 39 GBO (Erleichterung nach § 40 GBO)
- ⇨ Nachweis der Eintragungsunterlagen nach § 29 GBO durch öffentliche (§ 415 ZPO) oder öffentlich beglaubigte Urkunden (§ 129 I BGB)

hemmer-Methode: Beachten Sie, dass das Grundbuchamt grundsätzlich nicht die Einigung überprüft. Ausreichend ist vielmehr die bloße einseitige Erklärung durch den Betroffenen nach § 19 GBO (Eintragungsbewilligung). Grund dafür ist, dass niemand grundlos eine ihn selbst belastende Eintragung bewilligen wird (sog. formelles Konsensprinzip). Eine Ausnahme gilt für die Auflassung wegen § 20 GBO (sog. materielles Konsensprinzip), wonach anstatt oder neben (umstritten) der Bewilligung i.S.v. § 19 GBO die dingliche Einigung in der Form des § 29 GBO nachgewiesen werden muss.
Grund dafür ist, dass dieses Rechtsgeschäft als besonders folgenschwer eingestuft wird und so höhere Anforderungen zur Sicherstellung der Richtigkeit des Grundbuchs zu stellen sind.

Aus dem Grundbuchrecht lassen sich viele Rückschlüsse auf die Praxis des materiellen Grundstücksrechts ziehen. So ergibt sich aus § 20 GBO, dass eine Eintragung nie vor der Auflassung stattfinden wird, da der Nachweis der Auflassung gerade Voraussetzung für die Eintragung ist. Auch ist die Auflassung nach § 925 BGB zwar vor einem Notar zu erklären, jedoch sieht diese Vorschrift keine Beurkundung oder Schriftform wie etwa § 311b I BGB vor, so dass auch die Auflassung grundsätzlich formlos möglich ist. Wegen § 29 BGH ist die Einigung vor dem Grundbuchamt aber in öffentlich beglaubigter Form nachzuweisen. Da nach § 311b I BGB das Verpflichtungsgeschäft zu seiner Wirksamkeit aber ohnehin der notariellen Beurkundung bedarf und das Verfügungsgeschäft dabei in der Regel mit vorgenommen wird, wird die Auflassung in der Praxis sowieso in nahezu allen Fällen notariell beurkundet.

3. Berechtigung und Verfügungsbefugnis

Berechtigung und Verfügungsbefugnis

§ 873 I BGB setzt neben der dinglichen Einigung und der Eintragung voraus, dass der Veräußerer ein verfügungsbefugter Berechtigter ist. Berechtigung bezeichnet dabei die Rechtsinhaberschaft, während Verfügungsbefugnis die rechtliche Zuständigkeit umschreibt, über das Recht zu verfügen (Verfügungsmacht). 140

Berechtigter i.S.v. § 873 I BGB

Berechtigter i.S.d. § 873 I BGB ist der Inhaber des zu bestellenden oder zu übertragenden Grundstücksrechts. Bei Verfügungen über das Grundstück ist das grundsätzlich der Grundstückseigentümer, bei Verfügungen über beschränkte dingliche Rechte deren Inhaber. 141

Beschränkte Verfügungsbefugnis

Grundsätzlich fällt die Verfügungsbefugnis mit der Berechtigung zusammen, so dass der Berechtigte (Rechtsinhaber) auch über sein Recht verfügen kann. Jedoch wird die Verfügungsbefugnis in besonderen Fällen durch das Gesetz beschränkt (sog. Verfügungsbeschränkungen). Solche Beschränkungen der Verfügungsmacht enthalten z.B. die §§ 80 f. InsO (Schuldner im Insolvenzverfahren), § 2113 I, II BGB (Vorerbschaft), § 2211 I BGB (Testamentsvollstreckung). 142

Verfügungsbefugt sind in diesen Fällen der Insolvenzverwalter (§ 80 InsO) oder der Testamentsvollstrecker (§ 2205 I 2 BGB), denen die Verfügungsmacht kraft Gesetzes anstelle des Rechtsinhabers zugewiesen wird.

Der in seiner Verfügungsbefugnis Beschränkte bleibt zwar Rechtsinhaber, jedoch kann er nicht mehr über sein Recht verfügen.

Verfügungsbefugt ist anstelle des Rechtsinhabers ein anderer, der dann über ein fremdes Recht in eigenem Namen (bei Handeln im fremden Namen wäre Stellvertretung gegeben) verfügt.

> **Bsp.:** *Der Insolvenzverwalter ist nach § 80 I InsO berechtigt, über die Rechte des Insolvenzschuldners (= Rechtsinhaber) zu verfügen. Dabei handelt er bei einer Verfügung nicht als Stellvertreter des Insolvenzschuldners (anders früher die sog. Vertretertheorie), sondern im eigenen Namen und er verfügt nicht über seine, sondern fremde Rechte (Rechte des Insolvenzschuldners).*

hemmer-Methode: Prägen Sie sich unbedingt den Unterschied zwischen Berechtigung und Verfügungsbefugnis ein.

Fehlende Berechtigung/ fehlende Verfügungsbefugnis

Fraglich ist, ob und nach welchen Vorschriften das Fehlen der Berechtigung oder der Verfügungsbefugnis überwunden werden kann. **143**

Überwindung der fehlenden Berechtigung, § 185 BGB, gutgläubiger Erwerb, § 892 I 1 BGB

Auch sofern der Veräußerer nicht Rechtsinhaber ist, ist der Erwerb gleichwohl möglich, wenn der Berechtigte der Verfügung nach § 185 BGB zustimmt oder die Voraussetzungen eines gutgläubigen Erwerbs nach § 892 I 1 BGB vorliegen.

Überwindung fehlender Verfügungsbefugnis

Die fehlende Verfügungsbefugnis des Berechtigten kann überwunden werden, wenn:

§ 185 BGB, § 878 BGB, § 892 I 2 BGB

- ⇨ der Verfügungsbefugte gem. § 185 BGB zustimmt oder **144**
- ⇨ die Voraussetzungen des § 878 BGB vorliegen oder
- ⇨ ein gutgläubiger Erwerb nach § 892 I 2 BGB eingreift.

hemmer-Methode: An dieser Stelle gilt es nur, Ihnen einen Überblick über die Rechtsänderungen an Grundstücken bzw. Grundstücksrechten zu verschaffen. Die Probleme der fehlenden Berechtigung bzw. Beschränkung in der Verfügungsbefugnis etc. werden ausführlich i.R.d. Grundstücksveräußerung dargestellt, da diese in der Klausur am häufigsten vorkommt.

B. Aufhebung von Grundstücksrechten, § 875 BGB

Aufhebung von Grundstücksrechten nach § 875 I BGB

Die Aufhebung von Grundstücksrechten erfolgt unter den Voraussetzungen des § 875 BGB. Dazu bedarf es gem. § 875 I BGB einer Erklärung des Berechtigten mit dem Inhalt, dass er das Recht aufgibt, gegenüber dem Grundbuchamt oder dem Begünstigten (§ 875 I 2 BGB) und der Löschung des Rechtes im Grundbuch als Publizitätsakt. 145

Aufgabeerklärung

Die Aufgabeerklärung stellt eine einseitige empfangsbedürftige und formfreie Willenserklärung dar. 146

Eine Bindung an die Willenserklärung besteht wegen § 875 II BGB bis zur Löschung nicht. Allerdings tritt unter den Voraussetzungen des § 875 II BGB eine Bindungswirkung ein, wenn die Aufgabeerklärung gegenüber dem Grundbuchamt abgegeben wird oder eine Löschungsbewilligung nach § 19 GBO an den Begünstigten ausgehändigt wird.

Beteiligte

Erklärungsberechtigt ist der tatsächliche Rechtsinhaber oder derjenige, der für ihn verfügungsbefugt ist. Dabei kann aber das Fehlen der Berechtigung über § 185 I BGB überwunden werden und das Fehlen der Verfügungsbefugnis über § 878 oder § 185 BGB. Ist das fragliche Recht mit dem Recht eines Dritten belastet, ist zur Aufgabe zudem die Zustimmung des Dritten nötig, § 876 BGB. Erklärungsempfänger ist neben dem Grundbuchamt jeder von der Rechtsaufgabe Begünstigte: Das kann außer dem Eigentümer jeder Inhaber eines anderen, nichtvorrangigen Rechts am Grundstück sein. 147

Löschung

Für die Löschung im Grundbuch bedarf es (wie bei einer Eintragung) eines Antrags (§ 13 GBO) und einer Löschungsbewilligung i.S.v. § 19 GBO. Auch hier gilt, dass ein Verstoß gegen das formelle Grundbuchrecht für die materielle Rechtslage irrelevant ist, solange eine Löschung im Grundbuch erfolgt. 148

Wirkung der Aufgabe nach § 875 BGB

Das Zusammentreffen von Aufgabeerklärung und Löschung bewirkt das Erlöschen des Grundstücksrechts gem. § 875 I BGB. Mit dem Recht erlöschen zugleich sämtliche an ihm bestehenden Rechte. 149

Bei Eigentumsaufgabe wird § 875 I BGB von § 928 I BGB verdrängt

Zu beachten ist, dass § 875 I BGB als allgemeine Vorschrift über Rechte an Grundstücken (so Überschrift zu §§ 873 ff. BGB) von der spezielleren Vorschrift des § 928 BGB hinsichtlich der Aufgabe von Grundeigentum verdrängt wird. 150

§ 928 BGB erfordert ähnlich wie § 875 I BGB eine Verzichtserklärung und die Eintragung des Verzichts im Grundbuch. Rechtsfolge des § 928 BGB ist die Herrenlosigkeit des Grundstücks. Rechte Dritter am Grundstück bleiben bestehen, Eigentümerrechte werden zum entsprechenden Fremdrecht.

Aneignungsrecht, § 928 II BGB

Nach Eigentumsaufgabe steht dem jeweiligen Bundesland gem. § 928 II BGB das Recht zu, sich das Grundstück durch Eintragung im Grundbuch anzueignen, § 928 II BGB. Verzichtet das Bundesland auf die Aneignung, kann sich das Grundstück jeder über § 927 BGB aneignen. 151

Merke: Lesen Sie dazu die etwas exotische, aber gerade für eine Examensklausur nicht untypische Fallgestaltung in Hemmer/Wüst, Die 43 wichtigsten Fälle für Anfangssemester, Fall 20.

hemmer-Methode: Entscheidend ist, dass Sie sich die Strukturen der einzelnen behandelten Vorschriften über das Grundstücksrecht klar machen. Letztlich sind deren Voraussetzungen immer auf die gleichen Merkmale zu beschränken: (1) ein dingliches Rechtsgeschäft (Vertrag oder einseitige WE); (2) ein Publizitätsakt im Grundbuch mittels einer Eintragung; (3) Berechtigung und Verfügungsbefugnis des Betroffenen. Wenn Sie dieses System des Grundstücksrechts verstanden haben, können Sie auch exotischere Normen wie z.B. § 928 BGB in den Griff bekommen. Das Verständnis der Systematik und das Arbeiten am Gesetz ist hier entscheidend, nicht das bloße Auswendiglernen.

C. Inhaltsänderung von Grundstücksrechten, § 877 BGB

Inhaltsänderung von Grundstücksrechten nach § 877 BGB

Inhaltsänderungen an Grundstücksrechten sind nach § 877 BGB möglich, die Voraussetzungen werden allerdings nicht direkt aus § 877 BGB sondern aus einer entsprechenden Anwendung der §§ 873, 874, 876 BGB entnommen. 152

Inhalt = Summe der Befugnisse

Der Inhalt eines Rechts i.S.v. § 877 BGB ergibt sich dabei aus allen dem Inhaber zustehenden Befugnissen. Eine Inhaltsänderung liegt daher in jeder Änderung der Befugnisse, die nicht Übertragung oder Belastung (§ 873 BGB), Aufhebung (§ 875 BGB) oder Rangänderung (§ 880 BGB) ist. 153

Bsp. für Inhaltsänderungen: *Ausschluss der Übertragbarkeit, die Änderung einer Kündigungsvereinbarung, die Bestellung eines dinglichen Vorkaufsrechts für mehrere oder alle Vorkaufsfälle (§ 1097 HS.2 BGB) oder die Verlängerung der Nießbrauchszeit.*

Nicht: Änderung im Umfang oder Umwandlung des Rechts

Unter Inhaltsänderungen fallen aber nicht die Umwandlung eines Grundstücksrechts in ein anderes sowie die Änderung des Rechtsumfangs (z.B. Änderung der Zinsen oder Geldsumme eines Grundpfandrechts). Hierfür wäre ein Teilneubestellung oder Teilaufgabe erforderlich. *154*

Voraussetzungen: Einigung, Eintragung und Zustimmung Drittberechtigter

Voraussetzung der Inhaltsänderung ist nach §§ 877, 873 I BGB die Einigung zwischen Rechtsinhaber und dem Eigentümer des belasteten Grundstücks sowie eine entsprechende Eintragung. Zusätzlich bedarf es nach §§ 877, 876 BGB der Zustimmung von Drittberechtigten (= Inhaber von Rechten, die an dem Recht, über das eine Inhaltsänderung stattfindet, lasten), falls eine solche Rechtsposition überhaupt besteht und die Beeinträchtigung ihrer Rechtsstellung nicht ausgeschlossen ist. *155*

§ 5 Die Übereignung von Grundstücken

Erwerb nach §§ 873 ff., 925 ff. BGB

Die Übereignung von Grundstücken richtet sich nach den allgemeinen Vorschriften über Rechtsänderungen an Grundstücken (§§ 873 ff. BGB) und den speziellen Vorschriften über den Erwerb und Verlust des Eigentums an Grundstücken (§§ 925 ff. BGB). 156

Grundsatz: Einigung und Eintragung

Demnach erfordert auch die Übereignung von Grundstücken gem. § 873 I BGB grundsätzlich die Einigung über die Rechtsänderung (Eigentumsübergang) und die Eintragung des Eigentumsübergangs in das Grundbuch, wobei die auf die Grundstücksübereignung gerichtete Einigung wegen § 925 BGB als Auflassung bezeichnet wird. Die vorangegangenen Ausführungen zu § 873 BGB gelten damit grundsätzlich auch für die Übereignung von Grundstücken. 157

Besonderheiten der §§ 925 ff. BGB

Die §§ 925 ff. BGB als Sondervorschriften modifizieren jedoch die §§ 873 ff. BGB. Danach ist die dingliche Einigung an die Formerfordernisse des § 925 I BGB gebunden und ihr Inhalt wird durch § 925 II BGB (Bedingungsfeindlichkeit) verändert. 158

hemmer-Methode: Die nachfolgenden Ausführungen stellen nur die Besonderheiten der Grundstücksübereignung dar. Im Übrigen gelten die Ausführungen zu § 873 BGB.

A. Auflassung, § 925 BGB

Legaldefinition der Auflassung in § 925 I 1 BGB

Nach der Legaldefinition in § 925 I 1 BGB bezeichnet das Gesetz die auf die Übereignung eines Grundstücks bezogene dingliche Einigung nach § 873 I BGB als Auflassung. Inhalt der Auflassung ist also immer der Eigentumsübergang des Grundstücks vom Veräußerer auf den Erwerber. 159

hemmer-Methode: Beachten Sie, dass die Auflassung alleine keineswegs zur Grundstücksübereignung ausreicht. Sie stellt lediglich einen besonderen Fall der dinglichen Einigung dar. Erst Auflassung und Eintragung ergeben den Doppeltatbestand der Grundstücksübereignung nach §§ 873 I, 925 I BGB. In der Klausur müssen Sie deshalb sauber zwischen Auflassung und Eintragung trennen.

I. Form der Auflassung, § 925 I BGB

Form der Auflassung gem. § 925 I BGB: gleichzeitige Anwesenheit erforderlich

§ 873 I BGB stellt als allgemeine Regelung für Rechtsänderungen an Grundstücksrechten keine formellen Anforderungen an die dingliche Einigung, so dass auf deren Formfreiheit zu schließen ist. Etwas anderes ergibt sich aber für die Auflassung nach § 925 I 1 BGB. 160

Danach ist die nach § 873 BGB erforderliche Einigung bei gleichzeitiger Anwesenheit beider Teile vor einer zuständigen Stelle zu erklären. Verstößt die Auflassung gegen diese Formvorschrift, so ist sie gem. § 125 S.1 BGB nichtig.

Voraussetzungen des § 925 I BGB

Voraussetzungen des § 925 I BGB: 161

- ⇨ Zuständige Stelle (alternativ): (a) Notar, § 925 I 2 BGB; (b) Gericht bei Vergleich, § 925 I 3 Alt.1 BGB; (c) Rechtskräftig bestätigter Insolvenzplan, § 925 I 3 Alt.2 BGB
- ⇨ Gleichzeitige Anwesenheit beider Teile
- ⇨ Erklärungsform: kein Schriftform- oder Beurkundungserfordernis

hemmer-Methode: Die ersten beiden Voraussetzungen ergeben sich aus dem Gesetzeswortlaut. Vermeiden Sie unnötiges Auswendiglernen und unterstreichen Sie sich diese Tatbestandsmerkmale (soweit zulässig).

1. Zuständige Stelle

Notare, § 925 I 2 BGB

Zuständige Stelle zur Entgegennahme der Auflassung ist nach § 925 I 2 BGB jeder Notar (Regelfall). Daneben ergibt sich auch die Zuständigkeit eines deutschen Gerichts im Rahmen eines gerichtlichen Vergleichs (§ 925 I 3 Alt.1 BGB). Zudem kann eine Auflassung nach § 925 I 3 Alt.2 BGB auch in einem rechtskräftig bestätigten Insolvenzplan (§§ 248, 253 InsO) erfolgen. 162

2. Gleichzeitige Anwesenheit

Gleichzeitig schließt sukzessive WE aus

Nach § 925 I 1 BGB muss die Auflassung bei gleichzeitiger Anwesenheit beider Teile erklärt werden. 163

Aus dem Wort „gleichzeitig“ lässt sich schließen, dass sukzessive (= schrittweise) Willenserklärungen nicht zulässig sein sollen, wie es etwa bei notarieller Beurkundung nach §§ 128, 152 BGB (sog. Stufenbeurkundung) ausdrücklich möglich und vorgesehen ist.

Anwesenheit beider Teile meint nicht persönliche Anwesenheit

Fraglich ist aber, wie eng der Begriff „Anwesenheit beider Teile“ auszulegen ist. Aus der gleichzeitigen Anwesenheit kann nicht geschlossen werden, dass Erwerber und Veräußerer sich persönlich im gleichen Raum aufhalten müssen, um eine formgerechte Auflassung zu erklären. Dies ergibt sich aus der Terminologie des Gesetzes, das gerade zwischen gleichzeitiger und persönlicher Anwesenheit trennt. So verlangt beispielsweise § 1311 BGB für den Fall der Eheschließung neben der gleichzeitigen auch die persönliche Anwesenheit. 164

Notwendig für § 925 I 1 BGB ist daher nur, dass die Einigungserklärungen beider Teile gleichzeitig (§§ 128, 152 BGB gelten nicht) vor dem Notar bzw. einer anderen zuständigen Stelle abgegeben werden.

Stellvertretung möglich, da Abgabe einer eigenen WE durch Vertreter

Eine Stellvertretung bei der Auflassung ist möglich, denn der Gesetzgeber hat gerade keine persönliche Anwesenheit beider Teile angeordnet. Auch das Erfordernis der Gleichzeitigkeit der Abgabe der Willenserklärung wird bei der Stellvertretung gewahrt, da der Vertreter eine eigene Willenserklärung abgibt. Allerdings muss der Erwerber, wenn er vertreten wird, bestimmbar sein. Selbst wenn der Vertreter ohne Vertretungsmacht handelt und der Vertretene die Willenserklärung des Vertreters mit ex-tunc-Wirkung (= Rückwirkung) nach §§ 184 I, 177 BGB genehmigt, so ist doch der Gleichzeitigkeit genüge getan, da die Willenserklärung zur Auflassung vom Vertreter stammt. Beachten Sie, dass die Genehmigung des Vertretenen wegen § 182 II BGB nicht der Form des § 925 I 1 BGB bedarf. 165

Einschaltung von Boten nicht möglich, da nur Übermittlung von fremder WE

Weitere Folge der Gleichzeitigkeit der Erklärungen ist aber, dass ein Bote bei der Auflassung nicht eingeschaltet werden kann. Denn der Bote übermittelt lediglich eine fremde Willenserklärung des Geschäftsherrn, die dieser aber bereits mit Kundgabe an den Boten abgegeben hat. 166

> **Bsp.:** *A hat mit B einen formwirksamen Grundstückskaufvertrag geschlossen. Zum notariellen Auflassungstermin erscheint statt A dessen Freund F und für B die Notariatsangestellte C, der B telefonisch Vollmacht erteilt hat. Kann eine wirksame Auflassung erfolgen?*

Lösung: Eine Auflassung setzt nach § 925 I 1 BGB die Erklärung der dinglichen Einigung über den Grundstücksübergang bei gleichzeitiger Anwesenheit beider Teile vor einer zuständigen Stelle voraus. Ein Notar ist nach § 925 I 2 BGB zuständige Stelle, so dass diese Voraussetzung vorliegt. Zwischen A und B, wirksam vertreten durch F und C nach den §§ 164 ff. BGB, ist eine Einigung über den Eigentumsübergang zustande gekommen. Diese entsprach auch den formellen Voraussetzungen des § 925 I 1 BGB, da F und C gleichzeitig je eine eigene Willenserklärung im fremden Namen abgegeben haben und eine persönliche Anwesenheit der Vertretenen von § 925 I 1 BGB nicht gefordert wird (Umkehrschluss aus § 1311 BGB). Schließlich konnte auch die Vollmacht für C wegen § 167 II BGB formlos erteilt werden.

Die Auflassung ist daher formgerecht und wirksam.

hemmer-Methode: Siehe dazu auch Fall 3 in Hemmer/Wüst, Die 43 wichtigsten Fälle für Anfangssemester, Sachenrecht II.

3. Kein Schriftform- und Beurkundungserfordernis

Keine Beurkundung oder Schriftform der Auflassung nach § 925 BGB

Die Auflassung selbst bedarf zu ihrer Wirksamkeit weder der Schriftform noch einer besonderen Beurkundung. § 311b I 1 BGB schreibt nur für die schuldrechtliche Verpflichtung zur Grundstücksübereignung eine notarielle Beurkundung vor. Eine entsprechende Bestimmung fehlt für die Auflassung als dingliches Rechtsgeschäft. Daher genügt eine mündliche Erklärung vor dem amtsbereiten Notar. 167

hemmer-Methode: Die laienhafte Vorstellung, dass zur Übereignung materiell eine notarielle Beurkundung nötig ist, ist also falsch.
Die notarielle Beurkundung des gesamten Vorgangs ist aber aus praktischen Gründen der Regelfall:
(a) Die Eintragung erfolgt nur, wenn die Auflassung und Eintragungsbewilligung durch öffentliche oder öffentlich beglaubigte Urkunden nachgewiesen wird, §§ 19, 20, 29 GBO.
(b) Der Kaufvertrag muss ohnehin notariell beurkundet sein, § 311b I 1 BGB.
(c) die notarielle Beurkundung schließt den Widerruf der Auflassung aus, § 873 II Alt.1 BGB.
(d) Ab Bindungswirkung des § 873 II BGB kann der Erwerber sich durch den Eintragungsantrag vor nachträglichen Verfügungsbeschränkungen schützen, § 878 BGB.

§ 925a BGB

Beachten Sie auch § 925a BGB, der eine Verbindung der Auflassung zu § 311b I 1 BGB herstellt. Danach soll die Auflassung nur entgegengenommen werden, wenn das schuldrechtliche Verpflichtungsgeschäft den Anforderungen des § 311b I 1 BGB entspricht. § 925a BGB will durch die Kontrolle der Einhaltung des § 311b I 1 BGB Kondiktionsfälle wegen formnichtiger Kausalgeschäfte vermeiden. Ein Verstoß gegen § 925a BGB ist aber unschädlich, da es sich um eine bloße Ordnungsvorschrift handelt. § 925a BGB ist lediglich eine Soll-Vorschrift. 168

Fehlerhafte Beurkundung ist für materielle Auflassung unschädlich

Auch eine aus formellen Gründen (etwa §§ 6 f. BeurkG) fehlerhafte Beurkundung ist für die materiell-rechtliche Wirksamkeit der Auflassung ohne Belang.

II. Zulässiger Inhalt der Auflassung nach § 925 II BGB

Ausschluss von Bedingung und Befristung bei Auflassung nach § 925 II BGB

Nach den Vorschriften des Allgemeinen Teils des BGB können Rechtsgeschäfte gem. §§ 158 ff., 163 BGB bedingt oder befristet abgeschlossen werden. Dies muss grundsätzlich auch für die Einigung nach § 873 I BGB als dingliches Rechtsgeschäft gelten. Nach § 925 II BGB trifft der Grundsatz der Bedingungs- und Befristungsfreundlichkeit aber nicht auf die Auflassung als besondere Form der Einigung zu. Danach ist der Inhalt der Auflassung insoweit beschränkt, dass eine unter Bedingung oder Befristung erteilte Auflassung unwirksam ist. 169

Grund für diese Regelung ist, dass anderenfalls eine Beeinträchtigung der Zuverlässigkeit und Richtigkeit des Grundbuchs droht, wenn es nicht mit Sicherheit Auskünfte über die Person des Eigentümers zu geben vermag und so willkürliche Schwebezustände auftreten können. Deshalb ist auch die unter Widerrufsvorbehalt erfolgte Auflassung unwirksam, was insbesondere bei – an sich oftmals unter Widerrufsvorbehalt geschlossenen – gerichtlichen Vergleichen (§ 925 I 3 BGB) zu beachten ist.

Bedingung ist eine Bestimmung, welche die Rechtswirkungen des Rechtsgeschäfts von einem zukünftigen ungewissen Ereignis abhängig macht. Dagegen ist Befristung eine Bestimmung, wonach ein zukünftiges gewisses Ereignis für den Anfang oder das Ende der Rechtswirkungen des Rechtsgeschäfts maßgeblich ist.

Trotz § 925 II BGB: wirksame Gestaltungsmöglichkeiten

Um dem Sicherungsbestreben der Parteien gerecht zu werden, hat die Vertragspraxis Gestaltungsmöglichkeiten entwickelt, die nicht über § 925 II BGB zur Unwirksamkeit der Auflassung führen. *170*

Rechtsbedingungen

§ 925 II BGB gilt nur für echte Bedingungen, nicht aber für sog. Rechtsbedingungen. Diese stellen gesetzliche Voraussetzungen für das Zustandekommen und die Wirksamkeit des Rechtsgeschäfts auf, wie behördliche Genehmigungen oder solche nach den §§ 185 II 1, 1.Var., 177 BGB.

hemmer-Methode: Wegen § 925 II BGB gibt es also keinen Grundstückskaufvertrag unter Eigentumsvorbehalt. Ähnliche Ergebnisse können aber praktisch durch die Bewilligung und Eintragung einer Vormerkung erreicht werden, was zur Folge hat, dass vormerkungswidrige Verfügungen des Eigentümers (des Verkäufers) dem Berechtigten (dem Käufer) gegenüber unwirksam sind, vgl. § 883 II BGB.

III. Abschließender Beispielsfall zur Auflassung

Fall

Fall: *Eigentümer E verkauft sein Grundstück formgerecht an K. Als E die Beteiligung an der Auflassung verweigert, wird er von K verklagt. Vor Gericht einigen sich die beiden Parteien in der Form eines gerichtlichen Vergleichs darüber, dass das Eigentum am Grundstück von V auf K übergehen soll. In einem weiteren Punkt wird hinzugefügt, dass ein schriftlicher Widerruf des geschlossenen Vergleichs innerhalb einer Frist von 4 Wochen beim zuständigen Gericht eingereicht werden kann. Ist K mit Eintragung im Grundbuch Eigentümer des Grundstücks geworden?* *171*

Lösung: K könnte nach §§ 873, 925 BGB Eigentümer des Grundstücks geworden sein. Erste Voraussetzung dafür ist die Einigung über den Eigentumsübergang zwischen Veräußerer und Erwerber in der Form des § 925 I 1 BGB.

Danach muss die Einigung bei gleichzeitiger Anwesenheit beider Teile vor einer zuständigen Stelle erklärt werden.

E und K haben sich im Rahmen eines gerichtlichen Vergleichs dahingehend geeinigt, dass das Grundstückseigentum des E auf K übergehen soll. Zwar wird in der Praxis die Auflassung in erster Linie vor einem Notar als zuständige Stelle i.S.v. § 925 I 2 BGB erklärt, sie kann aber laut § 925 I 3 BGB genauso gut Gegenstand eines gerichtlichen Vergleichs sein. Folglich wird die Form des § 925 I 2 BGB einfach durch die Form des § 925 I 3 BGB ersetzt.

Fraglich ist aber, ob der Inhalt dieses gerichtlichen Vergleichs dem einer wirksamen Auflassung entspricht. Die Vereinbarung des Widerrufsvorbehalts könnte eine nach § 925 II BGB unzulässige Bedingung darstellen. Eine Bedingung i.S.v. § 925 II BGB ist eine Bestimmung, welche die Wirksamkeit der Auflassung von ihrem künftigen ungewissen Eintritt oder Ausbleiben abhängig macht. Die Erklärung eines Widerrufs durch E oder K ist durch den Vorbehalt möglich, jedoch ist ihr Eintritt ungewiss und hängt von zukünftigen Umständen ab. Folglich stellt der Widerrufsvorbehalt eine Bedingung der Auflassung dar, so dass die Auflassung wegen § 925 II BGB nichtig ist.

E ist weiterhin Eigentümer des Grundstücks.

hemmer-Methode: Lesen Sie abschließend zur Auflassung die Fälle 3 und 4 in Hemmer/Wüst, Die 43 wichtigsten Fälle für Anfangssemester, Sachenrecht II.

B. Umfang der Übereignung, § 926 BGB

§ 926 I BGB

Gem. § 926 I 1 BGB geht mit dem Eigentum an dem Grundstück (§§ 873, 925 BGB) bei **entsprechender Einigung** über den Übergang des Eigentums an den Zubehörstücken auch das Eigentum an Zubehörstücken über, sofern diese zum Zeitpunkt des Grundstückserwerbs dem Veräußerer gehören. Nach der Auslegungsvorschrift des § 926 I 2 BGB soll sich die Veräußerung im Zweifel auf das Zubehör erstrecken. Die für den Eigentumserwerb an beweglichen Sachen gem. § 929 S.1 eigentlich erforderliche Übergabe ist also für den Erwerb entbehrlich. 172

Normzweck

Normzweck des § 926 BGB ist die Erhaltung der wirtschaftlichen Einheit des Grundstücks, aber auch die Vereinfachung und Beschleunigung der Eigentumsübertragung am Zubehör, das natürlich auch gem. §§ 929 ff. BGB übertragen werden kann.

Gutgläubiger Erwerb nur über §§ 932 ff. BGB wegen § 926 II BGB

Zu beachten ist, dass Zubehörstücke, die beim Übergang des Grundstückseigentums nicht im Eigentum des Veräußerers standen, nur unter den Voraussetzungen der §§ 932 ff. BGB gutgläubig erworben werden können, § 926 II BGB. 173

C. Berechtigung und Verfügungsbefugnis

Verfügung ohne Berechtigung oder Verfügungsbefugnis ist grundsätzlich unwirksam

Grundsätzlich muss der Veräußerer bis zum Zeitpunkt der Vollendung des Rechtserwerbs berechtigt, also Rechtsinhaber, und verfügungsbefugt sein. Daher ist die Verfügung eines Nichtberechtigten oder eines Nichtverfügungsbefugten im Regelfall unwirksam. 174

Überwindung fehlender Berechtigung oder Befugnis

Die fehlende Berechtigung oder Verfügungsbefugnis kann aber in verschiedener Weise durch das Eingreifen von Ausnahmevorschriften überwunden werden: Fehlt dem Verfügenden die Berechtigung, so sind § 185 BGB und § 892 I 1 BGB zu prüfen, fehlt dem Berechtigten die Verfügungsbefugnis, so können die §§ 185, 878 oder 892 I 2 BGB eingreifen. 175

Prüfungsreihenfolge

Beachten Sie unbedingt die folgende **Prüfungsreihenfolge** innerhalb der einzelnen Erwerbstatbestände: 176

- ⇨ Erwerb vom verfügungsbefugten Berechtigten nach §§ 873, 925 BGB
- ⇨ Erwerb vom Nichtberechtigten/ Nichtverfügungsbefugten mit Zustimmung/ Konvaleszenz nach § 185 I BGB oder nach § 878 BGB
- ⇨ Gutgläubiger Erwerb vom Nichtberechtigten nach §§ 892 I 1, 873 BGB oder vom Nichtverfügungsbefugten nach § 892 I 1, 873 BGB

Diese Reihenfolge der Prüfung ist ein Gebot der Logik. Auf einen Fall des § 185 BGB und § 878 BGB kann es nicht ankommen, wenn der Veräußerer bereits verfügungsbefugter Berechtigter ist. Auf die Gutgläubigkeit kommt es nicht mehr an, wenn ein Erwerb vom Nichtberechtigten/ Nichtverfügungsbefugten bereits durch die Konvaleszenz des § 185 BGB wirksam ist oder ein Fall des § 878 BGB vorliegt.

I. Überwindung fehlender Berechtigung oder fehlender Verfügungsbefugnis über § 185 BGB

hemmer-Methode: Die folgenden Ausführungen zu § 185 BGB gelten nicht nur für den Fall einer Grundstücksübereignung, sondern auch bei anderen grundstücksbezogenen Verfügungen durch einen Nichtberechtigten/Nichtverfügungsbefugten.

§ 185 BGB bei Verfügungen im eigenen Namen

Ein Nichtberechtigter kann wirksam **im eigenen Namen** ein Grundstück übereignen, wenn der Berechtigte der Übereignung gem. § 185 I BGB vorher zustimmt (= Einwilligung gem. § 183 BGB), ihr gem. § 185 II 1, 1.Var. BGB später zustimmt (= Genehmigung, § 184 I BGB) oder ein Fall des § 185 II 1, 2.Var. BGB (verfügender Nichtberechtigter erwirbt Gegenstand, z.B. als Erbe des Berechtigten gem. § 1922 BGB) oder des § 185 II 1, 3.Var. BGB (Berechtigter wird Erbe des verfügenden Nichtberechtigten ohne Haftungsbeschränkung) vorliegt. 177

Bei Verfügungen im fremden Namen gelten die §§ 164 ff. BGB, § 185 BGB ist nicht anwendbar.

Nichtberechtigter i.S.v. § 185 BGB ist auch der Nichtverfügungsbefugte

Dabei ist Nichtberechtigter i.S.v. § 185 BGB neben demjenigen, der selbst nicht Rechtsinhaber ist, auch der in der Verfügungsmacht beschränkte Rechtsinhaber. 178

Berechtigter i.S.v. § 185 BGB

Berechtigter und damit Zustimmungsberechtigter i.S.v. § 185 BGB ist neben dem verfügungsbefugten Rechtsinhaber auch derjenige, dessen Verfügungsmacht den Rechtsinhaber zum Nichtberechtigten (Nichtverfügungsbefugten) macht. Berechtigter und Nichtberechtigter entsprechen sich daher bei § 185 BGB spiegelbildlich. 179

> **Bsp.:** *Der Insolvenzschuldner ist Rechtsinhaber (Eigentümer), während der Insolvenzverwalter nach § 80 I InsO die Verfügungsmacht über die Gegenstände des Insolvenzschuldners hat. Er selbst wird aber nicht Rechtsinhaber durch die Bestellung zum Insolvenzverwalter. Dies bleibt auch in der Insolvenz der Insolvenzschuldner. Der Insolvenzschuldner ist in seiner Verfügungsmacht gem. § 81 InsO beschränkt, d.h. er ist Nichtverfügungsbefugter. Nach § 185 BGB ist er Nichtberechtigter, da dieser nicht zwischen fehlender Rechtsinhaberschaft und fehlender Verfügungsbefugnis unterscheidet. Der Insolvenzverwalter dagegen ist Berechtigter, da § 185 BGB bzgl. der Berechtigtenstellung keinen Unterschied danach macht, ob man verfügungsbefugter Rechtsinhaber oder kein Rechtsinhaber mit Verfügungsbefugnis ist.*

Anwendbarkeit der §§ 182 ff. BGB

Auf die Zustimmung i.S.v. § 185 I, II 1, 1.Var. BGB sind die §§ 182 ff. BGB anwendbar, so dass sie formfrei (§ 182 II BGB) und entweder ausdrücklich oder konkludent durch schlüssiges Verhalten erfolgen kann. Die Widerrufsmöglichkeit nach § 183 BGB ist ab Eintritt der Bindungswirkung des § 873 II BGB ausgeschlossen. 180

Merke: Lesen Sie dazu Fall 5 in Hemmer/Wüst, Die 43 wichtigsten Fälle für Anfangssemester, Sachenrecht II.

II. Der Erwerb vom Nichtverfügungsbefugten, § 878 BGB

hemmer-Methode: Beachten Sie auch hier wieder, dass die folgenden Ausführungen zu § 878 BGB nicht nur für Grundstücksübereignungen gelten, sondern auch bei anderen grundstücksbezogenen Verfügungen durch einen Nichtverfügungsbefugten.

Erwerb vom zwischenzeitlichen Nichtverfügungsberechtigten

Wird der Verfügende, der Eigentümer ist und bei der Auflassung noch verfügungsbefugt war, vor Vollendung des Rechtserwerbs in der Verfügungsbefugnis beschränkt (z.B. nach §§ 80, 81 InsO), ist die Übereignung an sich unwirksam, da die Verfügungsbefugnis grundsätzlich bis zum Abschluss des Rechtsgeschäfts vorliegen muss. Das Eigentum kann dann aber ausnahmsweise unter den Voraussetzungen des § 878 BGB – auch ohne Zustimmung des nunmehr Verfügungsbefugten nach § 185 I BGB – erworben werden. 181

1. Normzweck des § 878 BGB

Schutz des Erwerbers

Der Normzweck des § 878 BGB resultiert aus dem Grundbuchrecht und dessen praktischer Umsetzung. Für die Eintragung im Grundbuch bedarf es nämlich eines Antrags (§ 13 GBO), bis zu dessen Vollzug eine gewisse Zeit vergeht. Auf dieses Zeitmoment hat der Erwerber keinen Einfluss. Daher soll derjenige geschützt werden, der das seinerseits Erforderliche für die Vollendung des Rechtserwerbs getan hat. § 878 BGB verwirklicht diesen Schutz dadurch, dass eine Rechtsänderung, die nur noch von der Eintragung abhängt, nicht mehr von einer nachträglich eintretenden Verfügungsbeschränkung des Veräußerers beeinträchtigt werden kann. Der maßgebliche Zeitpunkt für das Bestehen der Verfügungsmacht wird von der Vollendung auf die Stellung des Eintragungsantrags (§ 13 GBO) vorverlagert. Dies setzt aber dann als ungeschriebenes Tatbestandsmerkmal des § 878 BGB voraus, dass bis auf die Eintragung alle Erwerbsvoraussetzungen im Zeitpunkt der Antragsstellung erfüllt sind. 182

2. Tatbestandsvoraussetzungen

Voraussetzungen des § 878 BGB

<u>Voraussetzungen des § 878 BGB:</u> 183

- ⇨ Bindende Einigung i.S.v. § 873 II BGB
- ⇨ Eintragungsantrag i.S.v. § 13 GBO des Erwerbers oder des Veräußerers (str.)
- ⇨ Verlust der Verfügungsbefugnis im Zeitraum zwischen Eintragungsantrag (§ 13 GBO) und Eintragung im Grundbuch, d.h. nach Antrag, aber vor Eintragung
- ⇨ Zum Eigentumserwerb ist nur noch die Eintragung erforderlich (ungeschriebenes Tatbestandsmerkmal aus ratio legis)

Rechtsfolge: Das Fehlen der Verfügungsbefugnis im Zeitpunkt der Vollendung wird durch § 878 BGB überwunden.

§ 878 BGB setzt nach seinem Wortlaut voraus, dass eine bindende Einigung gem. § 873 II BGB vorliegt, ein Antrag nach § 13 GBO gestellt wurde und der Verlust der Verfügungsbefugnis nach Antragstellung, aber vor Eintragung im Grundbuch erfolgt ist. Weiterhin müssen als ungeschriebenes Tatbestandsmerkmal des § 878 BGB im Zeitpunkt der Antragstellung bis auf die Eintragung alle sonstigen Erwerbsvoraussetzungen gegeben sein. 184

Person des Antragstellers umstritten

Umstritten ist, ob § 878 BGB verlangt, dass der Antrag nach § 13 GBO vom Erwerber gestellt werden muss. Eine Ansicht bejaht dies, da wegen der möglichen Antragrücknahme (§ 31 GBO) auf einen Veräußererantrag nicht vertraut werden könne. Die h.M. dagegen lässt auch den Antrag des Veräußerers für § 878 BGB genügen. Dafür spricht zum einen der Wortlaut des § 878 BGB, der gerade nicht den Antrag des Erwerbers fordert. Zum anderen ist wegen der formellen Anforderungen des § 31 GBO die Antragsrücknahme erschwert. Auch ist der Normzweck des § 878 BGB in beiden Fällen betroffen, Schutz soll dann gewährt werden, wenn zum Rechtserwerb nur noch die Eintragung fehlt. 185

Folgen einer Antragsrücknahme

Zu beachten ist aber, dass eine Antragsrücknahme über § 31 GBO den Schutz des § 878 BGB entfallen lässt und die Verfügungserklärung dann unwirksam ist. 186

3. Sachlicher Anwendungsbereich des § 878 BGB

Verfügungsbeschränkungen

§ 878 BGB gilt bei relativen und bei absoluten Verfügungsbeschränkungen. Verfügungsbeschränkungen beeinträchtigen unmittelbar die Befugnis des Berechtigten, rechtsgeschäftlich über ein Recht durch Übertragung, Belastung oder Inhaltsänderung zu verfügen. 187

Verfügungsverbote

Weiterhin ist § 878 BGB auch bei gesetzlichen (§ 135 BGB), gerichtlichen oder behördlichen (§ 136 BGB) Veräußerungsverboten (= Verfügungsverbote) anwendbar. 188

Rechtsgeschäftliche Verfügungserklärungen

§ 878 BGB findet nach seinem Wortlaut nur auf die rechtsgeschäftlichen Erklärungen nach §§ 873, 875, 877 BGB Anwendung, selbst wenn diese gem. §§ 894 f. ZPO ersetzt werden. Auf den Erwerb in der Zwangsvollstreckung ist § 878 BGB wegen seines Wortlauts nach h.M. nicht anwendbar. 189

§ 878 BGB und § 892 BGB haben gemeinsam, dass sie beide eine Beschränkung der Verfügungsbefugnis überwinden. 190

Unterschiede und Gemeinsamkeiten zwischen § 878 BGB und § 892 BGB

Jedoch unterscheiden sie sich in ihren Voraussetzungen. § 878 BGB ermöglicht einen Erwerb auch bei absoluten Verfügungsbeschränkungen und fehlender Gutgläubigkeit zum Zeitpunkt des Rechtserwerbs.

§ 892 I 2 BGB dagegen hilft nur über relative Verfügungsbeschränkungen (vgl. § 135 II BGB), nicht aber über absolute Verfügungsbeschränkungen hinweg und erfordert Gutgläubigkeit des Erwerbers.

§ 878 BGB und § 892 BGB schließen sich bzgl. derselben Verfügungsbeschränkung aus

Beide Vorschriften schließen sich bezüglich derselben Verfügungsbeschränkung aus, denn § 878 BGB behandelt nur den Fall, dass die Verfügungsbeschränkung nach Antragstellung eintritt, während sie bei § 892 vorher eingetreten sein muss (§ 892 II BGB). 191

4. Persönlicher Anwendungsbereich des § 878 BGB

Verfügungsbeschränkung bei Rechtsinhaber

Der persönliche Anwendungsbereich des § 878 BGB erfordert eine bei dem Berechtigten eintretende Verfügungsbeschränkung. 192

Anwendung des § 878 BGB auf Handeln von Drittpersonen

Fraglich ist, ob § 878 BGB zur Geltung kommt, wenn auf Veräußererseite andere Personen als der Berechtigte, wie etwa Insolvenzverwalter, Nichtberechtigte, oder Ermächtigte handeln und in ihrer Verfügungsmacht beschränkt sind. 193

(+) bei Handeln von eingetragen Nichtberechtigten oder Fällen des § 185 I, II 1, 1.Var. BGB

Dabei gilt, dass § 878 BGB auch auf Verfügungserklärungen von Nichtberechtigten anwendbar ist, wenn diese als Berechtigte eingetragen oder gem. § 185 I BGB ermächtigt sind oder die Verfügung mit Genehmigung gem. § 185 II 1, 1.Var. BGB erfolgt ist. Es kommt dann nicht darauf an, ob der Nichtberechtigte oder der Berechtigte eine Verfügungsbeschränkung vor Vollendung des Rechtserwerbs erleidet. Denn die Einschaltung von anderen Personen darf die Stellung des Erwerbers nicht verschlechtern. 194

Berechtigter auch Partei kraft Amtes

Als Berechtigter i.S.v. § 878 BGB ist auch derjenige anzusehen, der anstelle des Rechtsinhabers verfügungsbefugt ist (Partei kraft Amtes, z.B.: Insolvenzverwalter, Testamentsvollstrecker). Verliert er seine Rechtstellung und damit seine Verfügungsbefugnis vor Vollendung des Rechtserwerbs, so wird dieser Mangel unter den Voraussetzungen des § 878 BGB überwunden. 195

5. Abschließender Beispielsfall zu § 878 BGB

Fall

Beispielsfall: *Am 5.1.des Jahres verkauft E sein Grundstück formgerecht an K. Am 10.1. erklären E und K die Auflassung vor dem Notar, die dieser notariell beurkundet. Am 11.1. stellt K einen Eintragungsantrag beim Grundbuch. Am 15.1. wird über das Vermögen des E das Insolvenzverfahren eingeleitet. Am 3.3. wird K als Eigentümer im Grundbuch eingetragen.* 196

Ist er Eigentümer geworden?

Lösung:

K ist Eigentümer geworden, wenn die Voraussetzungen der §§ 873, 925 BGB gegeben wären. Die gem. §§ 873 I, 925 BGB erforderliche formgerechte Auflassung zwischen E und K sowie die Eintragung des K wurden vollzogen. Auch waren sich E und K bis zum Vollzug der Rechtänderung (Eintragung) über den Übergang des Grundstücks einig.

Fraglich ist lediglich die Berechtigung und Verfügungsbefugnis des Veräußerers E. Zwar war E als rechtmäßiger Eigentümer Berechtigter, jedoch hat er mit Eröffnung des Insolvenzverfahrens die Verfügungsbefugnis über sein Vermögen verloren. Diese erfolgte am 15.1. und damit vor Eintragung (3.3.) und Vollendung des Rechtserwerbs. Konsequenz daraus ist, dass die Verfügung gem. § 81 I 1 InsO wegen fehlender Verfügungsbefugnis des E grundsätzlich unwirksam ist.

Die fehlende Verfügungsmacht des E könnte aber nach § 185 BGB durch Zustimmung des Insolvenzverwalters überwunden werden. Jedoch liegen dafür keinerlei Angaben im Sachverhalt vor.

In Betracht käme aber die Anwendung des § 878 BGB, der die fehlende Verfügungsbefugnis überwindet, wenn bis auf die Eintragung alle Voraussetzungen für den Rechtsübergang erfüllt sind. Eine Einigung (Auflassung) und ein Eintragungsantrag liegen vor. Auch war die Auflassung aufgrund der notariellen Beurkundung mit Bindungswirkung i.S.v. § 873 II 1.Var. BGB ausgestattet. Zum Zeitpunkt der Antragsstellung (11.1.) war E auch noch verfügungsbefugt, so dass bis auf die Eintragung alle Erwerbsvoraussetzungen gegeben sind. Demzufolge greift § 878 BGB ein und überwindet die fehlende Verfügungsbefugnis des E.

K ist mit Eintragung am 3.3. trotz Eröffnung des Insolvenzverfahrens gem. §§ 873, 925, 878 BGB Eigentümer des Grundstücks geworden.

hemmer-Methode: Lesen Sie dazu Fall 6 in Hemmer/Wüst, Die 43 wichtigsten Fälle für Anfangssemester, SachenR II.

§ 6 Der Erwerb vom Nichtberechtigten

Regelung in §§ 892, 893 BGB

Der gutgläubige Erwerb von Rechten an Grundstücken ist in den allgemeinen Vorschriften der §§ 873 ff. BGB in den Normen §§ 892, 893 BGB geregelt. Teilweise greifen für bestimmte Grundstücksrechte spezielle Sondervorschriften, wie etwa §§ 1138, 1155 BGB. 197

§§ 892 f. BGB überwinden fehlende Berechtigung und fehlende Verfügungsbefugnis

Die §§ 892, 893 BGB haben dabei die Funktion, die fehlende Berechtigung oder die fehlende Verfügungsbefugnis des Verfügenden zu überwinden, soweit ihre tatbestandlichen Voraussetzungen gegeben sind 198

hemmer-Methode: Die folgenden Ausführungen beschäftigen sich wiederum mit dem gutgläubigen Erwerb des Grundstückseigentums. Auf andere Grundstücksrechte finden sie aber entsprechende Anwendung.

A. Grundlagen des gutgläubigen Erwerbs nach §§ 891 ff. BGB

Rechtsschein durch Grundbuch (§ 891 BGB)

Der gutgläubige Erwerb vom Nichtberechtigen erfordert grundsätzlich als Anknüpfungspunkt für den guten Glauben einen Rechtsscheintatbestand. Bei den beweglichen Sachen wird dieser durch den Besitz (§ 1006 BGB), bei unbeweglichen Sachen durch das Grundbuch in Form einer Grundbucheintragung (§ 891 BGB) verkörpert. 199

Auch guter Glaube an Nichtbestehen einer Verfügungsbefugnis geschützt, § 892 I 2 BGB; nur positive Kenntnis schadet

Anders als beim Erwerb von beweglichen Sachen kann sich der gute Glaube beim Erwerb von Grundstücksrechten gem. § 892 I 2 BGB auch auf das Nichtbestehen von Verfügungsbeschränkungen beziehen. Weiterer Unterschied zu den §§ 932 ff. BGB ist, dass gem. § 892 I 1 BGB nur die positive Kenntnis und nicht bereits grob fahrlässige Unkenntnis wie in § 932 II BGB schadet. 200

Vermutungswirkung des § 891 BGB

§ 891 BGB verwirklicht den Rechtsscheintatbestand einer Grundbucheintragung dadurch, dass er eine Vermutungswirkung zugunsten des Eingetragenen aufstellt. Gem. § 891 I BGB wird von einem eingetragenen Recht vermutet, dass es besteht und dem Eingetragenen zusteht, von einem gelöschten Recht hingegen gem. § 891 II BGB, dass es nicht besteht. Diese (widerlegbare) Vermutung knüpft an das aufwendige Grundbuchverfahren an, das eine gewisse Gewähr dafür bietet, dass das Grundbuch die dinglichen Rechtsverhältnisse am Grundstück richtig wiedergibt. 201

Gutglaubenswirkung der §§ 892 f. BGB

Die Vermutung für die Richtigkeit des Grundbuchs nach § 891 BGB kommt aber nicht nur dem Eingetragenen zugute, sondern gem. §§ 892 f. BGB auch dem, der sich als Teilnehmer am Rechtsverkehr auf die Richtigkeit des falschen Grundbuchs verlassen hatte. 202

Insofern können unrichtig eingetragene Rechte von Dritten gutgläubig erworben werden (sog. Gutglaubenswirkung). Nach den §§ 892 f. BGB wird daher das fehlende Recht durch den Rechtsschein ersetzt.

B. Schutzbereich der §§ 892 f. BGB

Inhalt des Grundbuchs

Die Gutglaubenswirkung der §§ 892, 893 BGB bezieht sich auf den „Inhalt des Grundbuchs“, der unrichtig sein muss. Fraglich ist, was vom „Inhalt des Grundbuchs“ erfasst wird. 203

Guter Glaube nur bzgl. des rechtlichen Inhalts

Unter Berücksichtigung der Tatsache, dass allein derjenige geschützt werden soll, der auf die Richtigkeit des Grundbuchs vertrauen durfte, ergibt sich, dass der Anwendungsbereich der §§ 892 f. BGB nur solche Umstände umfassen kann, deren Eintragung zur Unrichtigkeit des Grundbuchs führen können. Der Schutzbereich des § 892 BGB bezieht sich damit auf die dinglichen Rechtsverhältnisse, insbesondere auf den Bestand, Inhalt und Berechtigung bei dinglichen Grundstücksrechten oder Rechten an Grundstücksrechten. 204

Eröffnung des Schutzbereichs

Folglich erstreckt sich der Schutzbereich der §§ 891, 892 BGB auf: 205

- ⇨ das Bestehen der im Grundbuch eingetragenen Rechte (positive Funktion des § 891 I BGB), so dass ein gutgläubiger Erwerb gem. § 892 I 1 BGB möglich ist und bei Vorliegen der Voraussetzungen der Erwerber so gestellt wird, als ob er vom Berechtigten erworben hätte,
- ⇨ das Nichtbestehen nicht eingetragener (oder gelöschter), aber eintragungsfähiger dinglicher Rechte (negative Funktion des § 891 II BGB), so dass ein lastenfreier Erwerb über § 892 I 1 BGB infolge von Gutgläubigkeit möglich ist,

⇨ das Nichtbestehen nicht eingetragener (oder gelöschter), aber eintragungsfähiger relativer Verfügungsbeschränkungen (negative Funktion des § 892 I 2 BGB), so dass ein gutgläubiger Erwerb nach § 892 I 2 BGB vom Verfügungsbeschränkten möglich ist, da dieser dem Erwerber gegenüber als nicht verfügungsbeschränkt gilt.

hemmer-Methode: Relative Verfügungsbeschränkungen i.S.v. § 892 I 2 BGB ergeben sich aus den Verfügungsverboten gem. §§ 135, 136 BGB, insbesondere i.R. einer einstweiligen Verfügung i.V.m. § 938 II ZPO oder i.R.d. Zwangsvollstreckung. Nicht anwendbar ist § 892 I 2 BGB bei absoluten Verfügungsbeschränkungen wie etwa § 1365 BGB. Bei diesen ist ein gutgläubiger Erwerb gerade nicht möglich.
Weiterhin liegen Verfügungsbeschränkungen i.S.d. § 892 I 2 BGB vor, wenn die Verfügungsbefugnis auf eine andere Person übertragen worden ist, aber ein gutgläubiger Erwerb ermöglicht wird, so im Insolvenzverfahren nach §§ 80, 81 InsO, bei der angeordneten Nachlassverwaltung nach §§ 1984 I, 1985 BGB, bei der Testamentsvollstreckung nach §§ 2205 S.2, 2211 I, II BGB und im Fall der Nacherbschaft nach §§ 2112, 2113 I, III BGB.

Erweiterung des § 892 BGB durch § 893 BGB

Nach § 893 BGB gilt der positive Vertrauensschutz des § 892 BGB auch für Leistungen aufgrund dinglicher Rechte sowie für Verfügungen, die nicht auf den Erwerb von Rechten gerichtet sind.

Schutzbereich nicht eröffnet

Nicht in den Schutzbereich der §§ 892 f. BGB fallen daher selbst bei entsprechender Eintragung im Grundbuch: 206

⇨ Tatsächliche Angaben zum Grundstück (z.B. Fläche)

⇨ Eintragungen, aus denen auf persönliche Verhältnisse, etwa die Geschäftsfähigkeit des Berechtigten, geschlossen werden kann

⇨ Rechte, Belastungen und Beschränkungen, die nicht eintragungsfähig sind, sowie inhaltlich unzulässige Eintragungen

hemmer-Methode: Beachten Sie, dass § 892 I 2 BGB das Vertrauen auf das Bestehen einer eingetragenen Verfügungsbeschränkung nicht schützt. Verfügt daher z.B. ein eingetragener Insolvenzverwalter über ein Grundstück, obwohl das Insolvenzverfahren bereits abgeschlossen und damit sein Amt beendet ist, scheidet ein gutgläubiger Erwerb über § 892 I 2 BGB aus.

Kein Rechtsschein bei widersprechenden Angaben im Grundbuch

Beachten Sie, dass der Rechtsschein und damit auch die Gutglaubenswirkung einer Grundbucheintragung bei sich widersprechenden Angaben nicht gelten. 207

C. Voraussetzungen des gutgläubigen Erwerbs gem. §§ 892 f. BGB

Voraussetzungen der §§ 892, 893 BGB

Prüfungsschema zum gutgläubigen Erwerb nach §§ 892, 893 BGB: 208

- ⇨ Rechtsgeschäftlicher Erwerb i.S. eines Verkehrsgeschäfts, § 892 BGB; Erweiterung durch § 893 BGB auf Leistungen aufgrund von dinglichen Rechten und Verfügungen, die nicht auf Rechtserwerb gerichtet sind
- ⇨ Unrichtigkeit des Grundbuchs bzgl. eines Rechts an einem Grundstück oder eines Rechts an einem Grundstücksrecht
- ⇨ Legitimation des Veräußerers als Berechtigter aus Grundbuch
- ⇨ Redlichkeit des Erwerbers - nur positive Kenntnis schadet

Wirkung: Der Erwerber wird so gestellt, als habe er vom Berechtigten (§ 892 I 1 BGB) bzw. vom nicht Verfügungsbeschränkten (§ 892 I 2 BGB) erworben.

Zu den Voraussetzungen im Einzelnen:

I. Rechtsgeschäft i.S.e. Verkehrsgeschäfts

Rechtsgeschäftlicher Erwerb

§ 892 BGB erfasst nur rechtsgeschäftliche Erwerbsvorgänge. 209

Erweiterung durch § 893 BGB

Allerdings erweitert § 893 BGB diesen Kreis der vom Gutglaubensschutz erfassten Rechtsgeschäfte auf Leistungen aufgrund dinglicher Rechte sowie auf Verfügungen, die nicht auf den Erwerb von Rechten gerichtet sind.

Rechtsgeschäft (-) bei Erwerb i.R. der gesetzlichen Erbfolge

Fraglich ist, ob ein rechtsgeschäftlicher Erwerb im Falle der Vorwegnahme der Erbfolge vorliegt. Eigentlich wären die Voraussetzungen bei der Verfügung eines Bucheigentümers an seinen späteren Erben nach den §§ 892, 873 BGB erfüllt. 210

Der Erbe könnte jedoch bei einem Erwerb nach § 1922 BGB keine Rechte an dem Grundstück erwerben, da der gesetzliche Erwerb keinen Gutglaubensschutz kennt.

Folglich verdient der Erwerber als zukünftiger Erbe keinen Schutz, da ihm der gesetzliche Erwerb durch Erbgang keine bessere Position verschafft hätte. Der Erwerb i.R.d. vorweggenommenen Erbfolge stellt keinen rechtsgeschäftlichen Erwerb dar.

Rechtsgeschäft i.S. eines Verkehrsgeschäft

Obwohl sich dafür keine Anhaltspunkte im Wortlaut des § 892 BGB finden, bedarf es nach allgemeiner Meinung eines Rechtsgeschäfts i.S.e. Verkehrsgeschäfts, um einen Missbrauch der §§ 892 f. BGB vorzubeugen (Verkehrsschutz!). Ein Verkehrsgeschäft liegt vor, wenn auf Seite des Erwerbers mindestens eine Person beteiligt ist, die nicht auch der Veräußererseite angehört. Entscheidend dafür ist die wirtschaftliche oder persönliche Identität, nicht aber die Unentgeltlichkeit des Rechtsgeschäfts. *211*

hemmer-Methode: Zum Problem des Verkehrsgeschäfts lesen Sie unbedingt Fall 9 in Hemmer/Wüst, Die 43 wichtigsten Fälle für Anfangssemester, Sachenrecht II.

Rückerwerb des Nichtberechtigten?

Umstritten ist die Rechtslage, wenn der gutgläubige Erwerber das Grundstückseigentum auf den vormals Nichtberechtigten rücküberträgt (sog. Rückerwerb). Eine Ansicht lässt dies ohne Einschränkungen zu, da der gutgläubige Erwerber jetzt Berechtigter sei und somit nach §§ 873 I, 925 BGB wirksam Eigentum verschaffen kann. *212*

Nach der h.M. scheidet ein Rückerwerb des ehemals nichtberechtigten Veräußerers aus, wenn sich die Rückübertragung als bloße Rückabwicklung darstellt (z.B. Rücktritt, Kondiktion bei unwirksamem Grundgeschäft oder geplanter „Hin-und-Her-Übereignung"). Hierdurch soll ein Missbrauch des § 892 BGB verhindert werden. Dogmatisch ist dieses Ergebnis allerdings schwer zu begründen.

> ***Bsp.:*** *B ist zu Unrecht als Eigentümer eines Grundstücks eingetragen. In Wirklichkeit ist E Eigentümer. Um die günstige Situation auszunutzen, verkauft und übereignet B das Grundstück an den gutgläubigen K, wobei K hinsichtlich des Grundstückskaufvertrags einem Irrtum i.S.v. § 119 BGB unterliegt.*

K ficht den Kaufvertrag an und übereignet gegen Rückzahlung des Kaufpreises das Grundstück an B zurück. Kurze Zeit später verlangt E von B das Grundstück nach § 985 BGB heraus. Besteht der Anspruch des E?

Lösung:

E könnte gegen B einen Anspruch nach § 985 BGB auf Herausgabe des Grundstücks haben. Dazu müsste er Eigentümer des Grundstücks sein. Ursprünglich war er es. Jedoch hat er sein Eigentum gem. §§ 873 I, 925, 892 I 1 BGB an K verloren, da dieser gutgläubig bzgl. der Berechtigung des B war. Demnach würde ein Anspruch mangels Eigentum des E ausscheiden.

Fraglich ist aber, wie sich die Anfechtung des der Übereignung zugrundeliegenden Kausalgeschäfts (Kaufvertrag) durch K auf dessen Eigentümerstellung ausgewirkt hat. Die Anfechtung betraf laut Sachverhalt nur den Kaufvertrag und nicht die Übereignung, so dass K auch nach der Anfechtung (rechtsgrundloser) Eigentümer ist. Des Weiteren hat K als Berechtigter das Eigentum an B nach §§ 873, 925 BGB rückübereignet. Demzufolge wäre nun B Eigentümer.

Dieses Ergebnis ist erheblichen Bedenken ausgesetzt, da B nun nach Rückabwicklung besser stünde, als wenn er die Sache behalten hätte. Es besteht die Gefahr eines Missbrauchs der Gutglaubensvorschriften (§§ 892 f. BGB). Daher schließt die h.M., sofern die Rückübertragung sich als bloße Rückabwicklung darstellt, einen Rückerwerb des vormals nichtberechtigten Veräußerers aus, mit der Folge, dass das das Eigentum automatisch an den ursprünglichen Eigentümer zurückfällt. Folgt man dieser Auffassung, so ist E Eigentümer.

B ist Besitzer und hat E gegenüber kein Recht zum Besitz. Demzufolge liegen die Voraussetzungen des § 985 BGB vor.

E hat einen Anspruch aus § 985 BGB auf Herausgabe des Grundstücks gegen B.

hemmer-Methode: Lesen Sie dazu Fall 11 in Hemmer/Wüst, Die 43 wichtigsten Fälle für Anfangssemester, Sachenrecht II.

II. Unrichtigkeit des Grundbuchs

Schutz nur bzgl. rechtlichem Inhalt des Grundbuchs

Weitere Tatbestandsvoraussetzung ist die Unrichtigkeit des Grundbuchs. Dabei wird über §§ 892 f. BGB nur der gute Glaube hinsichtlich des rechtlichen Inhalts des Grundstücks geschützt. 213

Das Grundbuch muss hinsichtlich eines Rechts an einem Grundstück oder eines Rechts an einem Grundstücksrecht unrichtig sein. Der Wortlaut des § 892 BGB („Inhalt des Grundbuchs") ist zu weit.

hemmer-Methode: Diese Voraussetzung korrespondiert mit dem Schutzbereich der §§ 892 f. BGB. Die in Rn. 203 ff. gemachten Ausführungen gelten also auch hier.

III. Redlichkeit des Erwerbers

Geschützt wird nur der redliche Erwerber

Schützenswert ist beim Erwerb vom Nichtberechtigten nur der redliche Erwerber. Nach § 892 I 1 BGB ist ein gutgläubiger Erwerb ausgeschlossen, wenn dem Erwerber die Unrichtigkeit des Grundbuchs bekannt oder ein Widerspruch gegen die Richtigkeit des Grundbuchs eingetragen ist. Bei § 892 I 2 BGB ist der gutgläubige Erwerb ausgeschlossen, wenn dem Erwerber die nicht aus dem Grundbuch ersichtliche relative Verfügungsbeschränkung bekannt ist. 214

1. Keine Kenntnis der Unrichtigkeit

Guter Glaube (-) bei positiver Kenntnis

Bei § 892 I BGB schadet nur positive Kenntnis, nicht schon grob fahrlässige Unkenntnis. 215

hemmer-Methode: Beachten Sie die aufgezeigten Unterschiede zwischen dem gutgläubigen Erwerb nach §§ 932 ff. BGB und §§ 892 f. BGB: (a) Rechtsscheinsträger (Besitz/Grundbuch); (b) Maßstab der Gutgläubigkeit (§ 932 II BGB/§ 892 I 1 BGB); (c) Schutz des guten Glaubens an Verfügungsbefugnis nur bei unbeweglichen Sachen nach § 892 I 2 BGB.

Kenntnis des Grundbuchinhalts ist entbehrlich

Nach ganz h.M. ist eine Kenntnis des Erwerbers vom tatsächlichen Grundbuchinhalt ebenso wenig erforderlich wie ein konkretes Vertrauen auf den Grundbuchinhalt oder eine Kausalität zwischen Buchtatbestand und Erwerb. Der Rechtsschein des Grundbuchs wird so zur Fiktion. 216

Neben Kenntnis der Tatsachen auch Schluss auf Unrichtigkeit notwendig

Um eine positive Kenntnis bejahen zu können, muss neben der Kenntnis der die Unrichtigkeit begründenden Tatsachen der Erwerber auch den rechtlichen Schluss auf die Unrichtigkeit gezogen haben.

Bösgläubigkeit bei anfechtbarem Erwerb des Verfügenden durch § 142 II BGB erweitert

Die Anfechtung einer Willenserklärung, die zum Rechtserwerb geführt hat, hat zur Folge, dass das Rechtsgeschäft, also die Übereignung, rückwirkend (ex-tunc-Wirkung, § 142 I BGB) entfällt. Die Eintragung wird demnach unrichtig, da sie nicht die wahre Rechtslage wiedergibt. Folglich ist der Erwerber nicht Eigentümer geworden und damit Nichtberechtigter. 217

Ein Erwerb eines Dritten ist nur nach § 892 BGB möglich. Dabei ist dann hinsichtlich der Gutgläubigkeit des Dritten auf § 142 II BGB zu achten. Sofern dieser die Anfechtbarkeit des vorangegangenen Erwerbs positiv kannte, so ist er bösgläubig. Dabei genügt aber nicht fahrlässige Unkenntnis, wie es § 142 II BGB vorsieht, da § 892 I BGB die Anforderungen an die Bösgläubigkeit stellt und § 142 II BGB lediglich den Kreis der Tatsachen, die zur Bösgläubigkeit führen, erweitert.

Bösgläubigkeit bei Einschaltung von Vertretern nach § 166 I, II BGB

Bei der Einschaltung von Vertretern ist § 166 BGB zu beachten. Nach § 166 I BGB ist grundsätzlich auf die Kenntnis des Vertreters abzustellen. 218

Ausnahmsweise kommt es auf die Kenntnis des Vertretenen an, wenn dieser seinem Vertreter bestimmte Weisungen erteilt hat (§ 166 II BGB) oder das Geschäft eines vollmachtlosen Vertreters genehmigt (§ 166 II BGB analog).

Gutgläubigkeit wird widerleglich vermutet

§ 892 I 1 BGB ist als Ausschlusstatbestand formuliert, d.h. die Gutgläubigkeit wird vermutet und die Bösgläubigkeit muss von demjenigen bewiesen werden, der den Erwerb bestreitet. 219

Beispielsfall

Beispielsfall: *A übereignet sein Grundstück an B, wobei B den A arglistig i.S.d. § 123 BGB getäuscht hat. B übereignet das Grundstück an C, der dabei von V vertreten wird (§§ 164 ff. BGB). V weiß von der arglistigen Täuschung des B. Später erkennt A seinen Irrtum und verlangt das Grundstück von B heraus, der ihn an C verweist. Ist der Herausgabeanspruch des § 985 BGB gegen C begründet?* 220

Lösung: A könnte gegen C einen Anspruch auf Herausgabe des Grundstücks nach § 985 BGB haben. Dazu müsste A Eigentümer sein. Ursprünglich war er es. Er könnte aber sein Eigentum an B verloren haben. Die Voraussetzungen für einen rechtsgeschäftlichen Erwerb nach §§ 873, 925 BGB sind erfüllt, so dass B grundsätzlich wirksam Eigentümer geworden ist. Der Eigentumserwerb könnte aber rückwirkend entfallen sein aufgrund der arglistigen Täuschung des B gegenüber A.

Dazu müsste aber neben dem Anfechtungsgrund des § 123 I BGB auch eine Anfechtungserklärung des A i.S.d. § 143 BGB vorliegen. Das Herausgabeverlangen gegenüber dem Anfechtungsgegner B gem. § 143 II BGB stellte eine konkludente Anfechtungserklärung des A dar, da er unmissverständlich zum Ausdruck brachte, dass er sich nicht an die Übereignung gebunden fühle. Damit ist eine wirksame Anfechtung durch A erfolgt.

Die Übereignung nach §§ 873, 925 BGB ist mit ex-tunc-Wirkung unwirksam gem. § 142 I BGB. A hat sein Eigentum nicht an B verloren.

A könnte aber sein Eigentum an C durch den Veräußerungsvorgang zwischen B und C verloren haben. Eine Auflassung und Eintragung zugunsten des C ist erfolgt. B war Nichtberechtigter, so dass der Gutglaubenstatbestand des § 892 I 1 BGB eingreifen muss. Fraglich ist, ob Gutgläubigkeit hinsichtlich der Berechtigung des B auf Seiten des C vorlag. C selbst hatte keine Kenntnis, so dass er grundsätzlich gutgläubig war. C wurde bei dem Geschäft aber von V vertreten. V hatte Kenntnis bzgl. der Anfechtbarkeit der Übereignung zwischen A und B. Nach § 142 II BGB steht er daher so, wie wenn er Nichtigkeit des Rechtsgeschäft gekannt hätte und ist daher bösgläubig i.S.v. § 892 I 1 BGB. Diese Bösgläubigkeit des Vertreters V muss sich C gem. § 166 I BGB auch zurechnen lassen, so dass auch er als bösgläubig zu behandeln ist. Demnach scheidet ein gutgläubiger Erwerb des C aus.

C ist auch Besitzer des Grundstücks und hat A gegenüber kein Recht zum Besitz. Daher ist der Herausgabeanspruch nach § 985 BGB begründet.

hemmer-Methode: Lesen Sie dazu auch Fall 8 in Hemmer/Wüst, Die 43 wichtigsten Fälle für Anfangssemester, Sachenrecht II.

2. Maßgeblicher Zeitpunkt der Gutgläubigkeit

Grundsatz: Redlichkeit bei Vollendung des Erwerbs; Ausnahme: § 892 II BGB

Auch bei § 892 I BGB muss die Redlichkeit des Erwerbers grundsätzlich noch im Zeitpunkt der Vollendung des Rechtserwerbs vorliegen. Der Zeitpunkt, ab dem die Bösgläubigkeit unschädlich ist, wird aber im Fall des § 892 II BGB vorverlagert auf den Zeitpunkt der Antragstellung (§ 13 GBO). Daher setzt § 892 II BGB die Stellung eines Eintragungsantrags voraus, wobei die Person des Antragstellers (Erwerber oder Veräußerer) unerheblich ist. 221

Zweck: Schutz des redlichen Erwerbers

§ 892 II BGB soll den gutgläubigen Erwerber in dem Zeitraum zwischen Antragstellung und Eintragung absichern. 222

Daher müssen bis auf die Eintragung (wie auch bei § 878 BGB) alle weiteren Voraussetzungen des Rechtserwerbs erfüllt sein. Anderenfalls findet § 892 II BGB keine Anwendung. Das ist wichtig, wenn sich die Entstehungsvoraussetzungen nicht auf Einigung und Eintragung beschränken, wie z.B. bei der Hypothek, wo noch Valutierung der Forderung und ggfs. Briefübergabe erforderlich sind.

hemmer-Methode: § 892 II BGB wie auch § 878 BGB setzen dem Wortlaut zufolge nicht voraus, dass nur noch die Eintragung ausstehen darf, damit sie ihre Rechtswirkung entfalten. Diese Voraussetzung ergibt sich aus dem Normzweck. Dies ist zwar unumstritten. Dennoch sollten Sie die Einschränkung des Wortlauts mit dem Normzweck begründen. Dadurch wird Ihre Klausur erst überzeugend und hebt sich von der „grauen Masse“ ab. Entscheidend ist die Argumentation, nicht die bloße Wiedergabe der h.M.! Gleiches gilt für das im Wortlaut nicht angelegte Verkehrsgeschäft.

Genehmigungen

Zu beachten ist, dass auch privatrechtliche Genehmigungen (z.B. §§ 1821, 177 BGB) weitere Voraussetzungen des Rechtserwerbs darstellen können, so dass die Gutgläubigkeit im Zeitpunkt der Genehmigung noch vorliegen muss. 223

Vorverlagerung bei Vormerkung

Zu einer Vorverlagerung des für den guten Glauben maßgeblichen Zeitpunktes in § 892 BGB führt nach h.M. auch der Erwerb einer Vormerkung (dazu später mehr).

hemmer-Methode: Lesen Sie zu § 892 II BGB das Fallbeispiel 7 in Hemmer/Wüst, Die 43 wichtigsten Fälle für Anfangssemester, Sachenrecht II.

3. Kein Widerspruch gegen die Unrichtigkeit

Eintragung eines Widerspruchs schließt gutgläubigen Erwerb aus

Die Eintragung eines Widerspruchs i.S.v. §§ 899 BGB, 53 I 1 GBO gegen die Richtigkeit des Grundbuchs schließt einen gutgläubigen Erwerb aus. Dies gilt unabhängig davon, ob der Erwerber das Grundbuch eingesehen oder sonst wie Kenntnis von dem Widerspruch hat. 224

Widerspruch setzt Unrichtigkeit des Grundbuchs voraus

Ein Widerspruch setzt gem. § 899 BGB, der auf § 894 BGB verweist, die Unrichtigkeit des Grundbuchs voraus, d.h. die materielle Rechtslage darf nicht mit dem Grundbuch (= formelle Rechtslage) übereinstimmen. Sofern ein Widerspruch unrichtig ist, bedeutet dies, dass das Grundbuch die Rechtslage zutreffend wiedergibt. 225

Der Veräußerer ist dann Berechtigter, so dass es auf die Vorschriften über den gutgläubigen Erwerb gar nicht ankommt. Der Widerspruch entfaltet dabei keine Wirkung.

Keine Grundbuchsperre

Der Widerspruch bewirkt keine Grundbuchsperre, sondern verhindert nur einen gutgläubigen Erwerb hinsichtlich der Eintragung, auf die er sich bezieht. 226

Maßgeblicher Zeitpunkt

Ein Widerspruch verhindert einen gutgläubigen Erwerb bereits mit Eintragung. § 892 II BGB findet bezüglich des Widerspruchs keine Anwendung, es kommt also nicht auf den Zeitpunkt der Antragstellung an. Der gutgläubige Erwerb muss vor der Eintragung des Widerspruchs vollendet sein, so dass also die Eintragung des Erwerbers vor dem Widerspruch stattfinden muss. Anderenfalls scheidet ein gutgläubiger Erwerb aus. 227

Die Stellung des Eintragungsantrags genügt also nicht, wenn der Widerspruch vor der Umschreibung des Eigentums eingetragen wird.

Schutz bietet nur die Ordnungsvorschrift des § 17 GBO, wonach ein später als die Eintragung einer Rechtsänderung beantragter Widerspruch nicht vor dieser eingetragen werden darf. Diese reine Ordnungsvorschrift kann aber nicht zu einem materiell-rechtlichen Schutz führen. 228

Zu einer Vorverlagerung führt hingegen der Erwerb einer Vormerkung.

D. Wirkungen des § 892 BGB

Gutgläubiger Erwerber wird Berechtigter

Der gutgläubige Erwerb bewirkt, dass der Erwerber tatsächlich Inhaber des Rechts wird. Er ist damit selbst bei weiteren Verfügungen Berechtigter. Das bislang falsche (weil die wahre Rechtslage nicht wiedergebende) Grundbuch ist deshalb mit Eintragung des gutgläubigen Erwerbs nunmehr richtig. Der (nicht eingetragene) bisherige Berechtigte verliert sein Recht in dem Umfang des gutgläubigen Erwerbs.

Wirkung des gutgläubigen Erwerbs bei Rechten (§ 892 I 1 BGB)

Der Gutglaubensschutz der §§ 892 f. BGB führt im Hinblick auf Rechte (§ 892 I 1 BGB) dazu, dass der Eingetragene als wahrer Berechtigter gilt. Zudem gilt ein eingetragenes und zugleich eintragungsfähiges Recht als nach Gegenstand und Inhalt bestehend. Schließlich gilt das Grundbuch insofern als vollständig, als dass nicht eingetragene oder wieder gelöschte eintragungsfähige Rechte als nicht bestehend gelten. 229

Der Erwerber erhält daher im Anwendungsbereich des § 892 I 1 BGB die Rechtsposition, die er erlangen würde, wenn das Grundbuch insofern die Rechtslage richtig wiedergeben würde. Bei dinglichen Rechten besteht daher sowohl ein positiver wie auch ein negativer Vertrauensschutz.

Wirkung des gutgläubigen Erwerbs bei Verfügungsbeschränkungen (§ 892 I 2 BGB)

Im Hinblick auf Verfügungsbeschränkungen (§ 892 I 2 BGB) führt der Gutglaubensschutz allein dazu, dass eine nicht eingetragene oder wieder gelöschte Verfügungsbeschränkung als nicht oder nicht mehr bestehend gilt. 230

Nicht geschützt wird hingegen der gute Glaube an das Fortbestehen einer Verfügungsbefugnis (etwa des Insolvenzverwalters, § 80 I InsO), die als Spiegelbild aus der Eintragung einer Verfügungsbeschränkung (etwa § 80 I InsO) entstanden ist. Bezüglich Verfügungsbeschränkungen besteht also lediglich ein negativer Vertrauensschutz des Grundbuchs.

hemmer-Methode: Lesen Sie dazu unbedingt Fall 10 in Hemmer/Wüst, Die 43 wichtigsten Fälle für Anfangssemester, Sachenrecht II.

E. Gutgläubiger Erwerb gem. §§ 892 f. BGB und Erbschein

Vermutungswirkung der §§ 891, 2365 BGB

Sowohl das Grundbuch nach § 891 BGB als auch der Erbschein nach § 2365 BGB stellen beide eine Vermutungswirkung zugunsten des jeweils Eingetragenen auf. 231

Bei § 891 BGB wird vermutet, dass der als Rechtsinhaber Eingetragene auch der tatsächlich Berechtigte ist, während bei § 2365 BGB vermutet wird, dass dem in der Urkunde angegebenen Erben das bezeugte Erbrecht zusteht.

Beide stellen einen Rechtsscheinträger dar, der einen gutgläubigen Erwerb nach den §§ 892 f.; 2366 f. BGB ermöglicht. Entscheidend für die Klausurlösung ist aber, in welcher Fallkonstellation der jeweilige Rechtsschein anzuwenden ist, d.h. nach welchen Vorschriften der Erwerb zustande kommt. Dazu muss man sich die Funktion der beiden Publizitätsträger klar machen: 232

Das Grundbuch stellt den Erwerber so, als ob die aus dem Grundbuch zu entnehmende Rechtslage wahr wäre. Der Erbschein dagegen stellt den Erwerber so, als ob er vom wahren Erben erworben hätte. 233

Allerdings hat der öffentliche Glaube des Grundbuchs Vorrang vor dem öffentlichen Glauben des Erbscheins. Daher ergeben sich für den Fall, dass der Scheinerbe bereits im Grundbuch eingetragen ist, die maßgeblichen Vorschriften für einen gutgläubigen Erwerb nur noch aus den §§ 892 f. BGB, nicht aber aus den §§ 2366 f. BGB. Daher sind in einer Klausur vor den §§ 2366 f. BGB immer erst die §§ 892 f. BGB (bzw. §§ 932 ff. BGB) zu prüfen. 234

Beispiele

Grundfall: *Erblasser E ist als Eigentümer im Grundbuch eingetragen. In Wahrheit ist aber Z Eigentümer. E stirbt. Alleinerbe A beantragt und erhält einen Erbschein. Wie ist die Rechtslage bzgl. des Grundstücks, wenn Alleinerbe A, ohne vorher im Grundbuch eingetragen zu sein, das Grundstück an den gutgläubigen B übereignet?*

Lösung Grundfall:

Hier findet eine Übereignung nach §§ 892, 873, 925 BGB statt. A ist Nichtberechtigter, da er als Erbe kraft Gesetzes in die Rechtsposition des Erblassers tritt (§ 1922 BGB) und bei einem gesetzlichen Erwerb kein gutgläubiger Erwerb möglich ist. Die Nichtberechtigung wird durch § 892 I 1 BGB überwunden. Zwar ist A nicht selbst im Grundbuch eingetragen, jedoch hat er die Buchposition auch nach § 1922 BGB erlangt, die ihn als Buchberechtigten legitimiert. B war auch bzgl. der Berechtigung des A gutgläubig, so dass ein Erwerb nach §§ 892, 873, 925 BGB gegeben ist. Auf den Erbschein des A kommt es nicht an, da er sowieso wahrer Erbe ist. Der Gutglaubensschutz des § 2366 BGB würde sich ohnehin nur auf die Erbenstellung beziehen. Die Vorschrift ist also nur anwendbar, wenn jemand veräußert, der in Wahrheit nicht Erbe ist.

Abwandlung: *Gleicher Fall wie Grundfall, nur ist A diesmal Scheinerbe. Wahrer Erbe ist C. Kann A das Grundstück an den gutgläubigen B wirksam übereignen?*

Lösung Abwandlung:

Hier findet ein Erwerb nach den §§ 873, 925, 892, 2366 BGB statt (Problem des sog. Doppelmangels). Über § 2366 BGB wird nämlich die mangelnde Erbenstellung des Scheinerben A überwunden. Er gilt aufgrund des Erbscheins dem gutgläubigen B gegenüber als wahrer Erbe. Da aber der Erblasser nur Buchberechtigter war, kann A auch nur diese Rechtsstellung verkörpern. Die mangelnde Berechtigung überwindet dann § 892 BGB (s.o.). Die Übereignung an den gutgläubigen B ist wirksam.

hemmer-Methode: Lesen Sie dazu auch Fall 12 in Hemmer/Wüst, Die 43 wichtigsten Fälle für Anfangssemester, Sachenrecht II.

F. Gutglaubensschutz gem. § 899a BGB

Letztlich etwas systemwidrig hat der Gesetzgeber den Anwendungsbereich der §§ 892 ff. BGB erweitert. 235

Da der BGH die Gesellschaft bürgerlichen Rechts für grundbuchfähig erachtet, hat der Gesetzgeber im August 2009 § 899a BGB eingefügt.

Denn der Rechtsverkehr kann sich keine Klarheit darüber verschaffen, wer Gesellschafter – und damit befugt ist, für die Gesellschaft zu handeln. Anders als bei der OHG gibt es kein Handelsregister, dem sich diese Informationen entnehmen ließen.

Gem. § 47 II GBO besteht nun die Verpflichtung, die Gesellschafter mit eintragen zu lassen. Erwirbt jemand später ein Grundstück der GbR, obwohl sich der Gesellschafterbestand geändert hat, kann er gem. §§ 899a, 892 I BGB erwerben, wenn er all die Gesellschafter unterzeichnen lässt, welche im Grundbuch als Gesellschafter ausgewiesen sind. Denn es wird sodann vermutet, dass diese tatsächlich immer noch Gesellschafter sind, und damit Vertretungsmacht haben. Ebenso wird vermutet, dass keine weiteren als die eingetragenen Gesellschafter hinzugekommen sind.

hemmer-Methode: Systemwidrig daran ist, dass sich die Gutglaubensregeln im Sachenrecht eigentlich immer auf die fehlende Berechtigung beziehen. Hier wird der gute Glaube an den Gesellschafterbestand, und damit faktisch an die Vertretungsmacht, geschützt. Vollkommen offen ist die Frage, ob sich die Vorschrift auch auf den zugrunde liegenden schuldrechtlichen Vertrag bezieht. Wäre dieser unwirksam, weil mittlerweile andere Gesellschafter hinzugekommen sind und daher wegen der Gesamtvertretung (§§ 709, 714 BGB) ein wirksame Stellvertretung eigentlich nicht vorliegt, müsste eine bereicherungsrechtliche Rückabwicklung erfolgen.

§ 7 Die Vormerkung

A. Allgemeines zur Vormerkung

I. Regelungszweck

Bis Vollendung kann der Rechtserwerb beeinträchtigt werden

Bis zur Erfüllung eines Grundstückskaufvertrags kann eine längere Zeit vergehen, während der der Verkäufer als Rechtsinhaber weiterhin zu Verfügungen über das Grundstück berechtigt ist. In dieser Zeit besteht für den Käufer die Gefahr, dass der Verkäufer das Grundstück anderweitig übereignet oder belastet. In diesem Fall hätte der Käufer nur noch schuldrechtliche Ansprüche (§§ 437, 323 ff., 280 ff. BGB) gegen den Verkäufer. Die Verfügung an den Dritten wäre ihm gegenüber wirksam, sofern nicht ein Fall des § 826 BGB bestehen würde. 236

> ***Bsp.:*** *V und K schließen einen formgerechten Grundstückskaufvertrag über das Grundstück des V. Kurz darauf bietet D dem V einen wesentlich höheren Preis für das Grundstück. V und D schließen einen formgerechten Grundstückskaufvertrag, erklären die Auflassung und schließlich erfolgt die Eintragung des D.*

Relative Unwirksamkeit von zwischenzeitlichen Verfügungen

Diesem Sicherungsbedürfnis des Käufers trägt die Vormerkung nach den §§ 883 ff. BGB Rechnung. Verwirklicht wird der Schutz des Käufers dadurch, dass die Vormerkung die **relative Unwirksamkeit** von zwischenzeitlichen Verfügungen des Eigentümers im Verhältnis zwischen ihm und dem Vormerkungsberechtigten anordnet. Dies bedeutet, dass das **Eigentum des Dritten grundsätzlich jedem gegenüber wirksam ist, wegen § 883 II BGB jedoch nicht gegenüber dem Käufer** (vgl. Wortlaut: „insoweit"). Daher bewirkt die Vormerkung keine Grundbuchsperre, denn der Erwerber wird ja Eigentümer. 237

> Im Fall könnte für K eine Auflassungsvormerkung eingetragen werden, die seinen schuldrechtlichen Anspruch aus § 433 I 1 BGB auf Eigentumserwerb sichert. Die spätere Veräußerung an D wäre dann zwar dinglich wirksam, wegen der Vormerkung aber gegenüber K relativ unwirksam (§ 883 II BGB). K könnte von V dann weiter aus § 433 I 1 BGB die Auflassung und von D die Zustimmung zu seiner Eintragung als Eigentümer verlangen, § 888 I BGB.

II. Rechtsnatur der Vormerkung

Rechtsnatur umstritten

Die Vormerkung nimmt eine Zwitterstellung zwischen obligatorischem und dinglichem Recht ein. Ihre Rechtsnatur ist deshalb umstritten. 238

Nach h.M. ist die Vormerkung ein mit einzelnen dinglichen Wirkungen ausgestattetes **akzessorisches Sicherungsmittel eigener Art**. Eine andere Ansicht sieht in ihr ein dingliches Recht, da sie Wirkungen gegenüber Dritten entfaltet.

Konsequenzen des Meinungsstreits

Konsequenzen für die Falllösung ergeben sich aus diesem Meinungsstreit nur insoweit, als beim gutgläubigen Erwerb der Vormerkung verschiedene Vorschriften zur Anwendung kommen. 239

Die Mindermeinung wendet § 892 BGB direkt an, da sie die Vormerkung als dingliches Recht ansieht und § 892 gerade nur auf Rechte anwendbar ist.

Die h.M. dagegen wendet §§ 893 Alt.2, 892 BGB an. Sie sieht in der Bewilligung einer Vormerkung eine Belastung des Grundstücks und damit eine Verfügung i.S. des § 893 Alt.2 BGB.

hemmer-Methode: Da letztlich beide Auffassungen zur Anwendung des § 892 BGB gelangen, bedarf es in einer Klausur keiner Entscheidung des Meinungsstreits. Bedenken Sie die Rechtsnatur der Vormerkung darüber hinaus auch im Rahmen des § 894 BGB bedeutsam wird, da sich dieser (direkt) nur auf „Rechte an einem Grundstück bezieht", die unrichtig eingetragen wurden. Insoweit muss nach h.M. auch hier eine analoge Anwendung erfolgen.

III. Erscheinungsformen

Vormerkungsformen

Formen der Vormerkung: 240

- ⇨ Auflassungsvormerkung
- ⇨ Löschungsvormerkung (§ 1179 BGB)
- ⇨ Vormerkung von Amts wegen, § 18 II GBO

Beachte: Das dingliche Vorkaufsrecht nach §§ 1094 ff. BGB ist zwar keine Form der Vormerkung, hat aber wegen der Verweisung in § 1098 II BGB auch eine Vormerkungswirkung. Unterschiede gibt es allerdings hinsichtlich des Zeitpunkts des Eingreifens des Sicherungsschutzes, vgl. Rn. 316.

Auflassungsvormerkung

Die Auflassungsvormerkung als Regelfall sichert den schuldrechtlichen Anspruch des Käufers auf Verschaffung des Grundstückseigentums und nicht nur den Anspruch auf Auflassung, daher ist ihre Bezeichnung ungenau. 241

hemmer-Methode: Bei Vormerkungen, die auf andere dingliche Rechte am Grundstück als das Eigentum abzielen, ergeben sich keine Besonderheiten.

Löschungsvormerkung

Die Löschungsvormerkung nach § 1179 BGB soll den Löschungsanspruch (§ 1179a BGB) des nachrangig Berechtigten sichern, der durch das Zusammenfallen von Eigentum und Grundpfandrecht entsteht. 242

§ 883 I 1 BGB

Im Übrigen können alle schuldrechtlichen Ansprüche auf Einräumung oder Aufhebung von Rechten an einem Grundstück oder einem das Grundstück belastenden Recht oder auf Inhaltsänderung eines solchen Rechts durch Vormerkung gesichert werden, § 883 I 1 BGB. 243

IV. Verhältnis Vormerkung – Widerspruch

Gemeinsamkeiten - Unterschiede

Gemeinsamkeiten bestehen darin, dass der Begünstige vor den Folgen einer Verfügung über das Grundstück geschützt wird. Unterschiede ergeben sich aus Funktion und Anwendungsbereich. Ein Widerspruch wird gem. §§ 899, 894 BGB gegen die Unrichtigkeit des Grundbuchs eingetragen und schützt den materiell Berechtigten vor Verfügungen des Buchberechtigten, indem ein gutgläubiger Erwerb verhindert wird (§ 892 I 1 BGB). Dagegen sichert die Vormerkung einen Anspruch auf dingliche Rechtsänderung vor weiteren Verfügungen des Berechtigten. Die Vormerkung kündigt somit eine künftige Rechtsänderung an und schützt anders als der Widerspruch nicht den Eigentümer, sondern den obligatorisch Berechtigten. 244

Merksatz

Merke: Die Vormerkung prophezeit, der Widerspruch protestiert.

B. Entstehung der Vormerkung

Entstehungsvoraussetzungen

Die Entstehung einer Vormerkung setzt nach §§ 883, 885 BGB voraus: 245

- ⇨ Vormerkungsfähiger Anspruch, der auf Gesetz oder Rechtsgeschäft beruhen kann, § 883 I BGB (Akzessorietät der Vormerkung)
- ⇨ Bewilligung bzw. einstweilige Verfügung, § 885 I 1 BGB
- ⇨ Eintragung ins Grundbuch, § 883 I BGB
- ⇨ Berechtigung und Verfügungsbefugnis bzw. gutgläubiger Erwerb

I. Vormerkungsfähige Ansprüche, § 883 I BGB

1. Schuldrechtliche Ansprüche, § 883 I 1 BGB

Schuldrechtlicher Anspruch

Nach § 883 I 1 BGB wird eine Vormerkung zur Sicherung eines Anspruchs eingetragen, der auf dingliche Rechtsänderungen bzgl. eines Grundstücks gerichtet ist. Erfasst werden daher nur schuldrechtliche Ansprüche. Der Schuldgrund ist dabei gleichgültig, so dass Ansprüche aus vertraglichen oder gesetzlichen Schuldverhältnissen Anwendung finden. 246

Akzessorietät

Ohne das Vorliegen eines Anspruchs kann die Vormerkung nicht entstehen. Die Vormerkung ist somit **streng akzessorisch**. 247

hemmer-Methode: Die **Vormerkung setzt** einen **vormerkungsfähigen Anspruch voraus**.
Deshalb werden bei der Vormerkung alle auf das schuldrechtliche Grundgeschäft bezogenen Nichtigkeitsgründe relevant und so mit dem Sachenrecht verknüpft. Wenn die Vormerkung den Anspruch auf Grundstücksübereignung sichert, entsteht daher z.B. keine Vormerkung, wenn das Grundgeschäft nach §§ 311b I 1, 125 BGB nichtig ist.

2. Künftiger oder bedingter Anspruch, § 883 I 2 BGB

Gem. § 883 I 2 BGB kann eine Vormerkung auch zur Sicherung künftiger oder bedingter Ansprüche eingetragen werden. Die Vormerkung wirkt sich aber erst dann aus, wenn der Anspruch vollwirksam entsteht. Nach Entstehung des vollwirksamen Anspruchs schützt die Vormerkung den Inhaber rückwirkend ab dem Eintragungszeitpunkt. 248

a) Künftiger Anspruch

Strenge Anforderungen

An einen künftigen Anspruch i.S.v. § 883 I 1 BGB werden sehr strenge Anforderungen gestellt. Ansonsten würde eine Vielzahl von künftigen Ansprüchen bestehen. Es entstünde entgegen dem Zweck der Vormerkung eine faktische Grundbuchsperre. 249

Definition

Daher sind künftige Ansprüche vormerkungsfähig, wenn für ihre Entstehung eine feste Rechtsgrundlage dergestalt geschaffen ist, dass diese nur noch vom Willen des Gläubigers abhängt. Ausreichend sind daher z.B. ein bindendes Vertragsangebot oder ein bindender Vorvertrag. 250

Kein künftiger Anspruch bei § 311b I 2 BGB

Fraglich ist, ob ein nach §§ 125 S.1, 311b I 1 BGB formnichtiger Kaufvertrag aufgrund der Heilungsvorschrift des § 311b I 2 BGB einen künftigen Anspruch i.S.v. § 883 I 2 BGB darstellt. Dagegen spricht, dass nach dem Wortlaut („... wird ... gültig ...") der § 311b I 2 BGB nur ex-nunc-Wirkung hat und die Heilung maßgeblich vom Mitwirken des Veräußerers abhängt. 251

Folglich ergibt sich kein künftiger Anspruch.

hemmer-Methode: Da dann die Heilung erst mit Übereignung des Grundstücks eintritt, hat sich im Zeitpunkt der Heilung der Vormerkungszweck ohnehin erübrigt.

Vertreter ohne Vertretungsmacht: Differenzierung

Das gleiche Problem stellt sich, wenn ein Vertreter ohne Vertretungsmacht am Grundstückskaufvertrag beteiligt ist. Dabei ist zu differenzieren: Sofern er auf Käuferseite tätig wird, hat der Käufer die einseitige Rechtsmacht darüber, ob der Vertrag und damit der Anspruch zustande kommt. Daher liegt ein künftiger Anspruch vor. Anders ist dies auf Verkäuferseite, da dann der Verkäufer über den Rechtserwerb entscheiden kann. Hier scheidet ein künftiger Anspruch aus. 252

b) Bedingter Anspruch

An den bedingten Anspruch i.S.v. § 883 I 2 BGB werden weniger strenge Anforderungen gestellt. Danach ist ein bedingter Anspruch vormerkungsfähig, wenn die zur Anspruchsbegründung erforderlichen Willenserklärungen abgegeben sind und eine feste Rechtsgrundlage bilden. Der Eintritt der Bedingung muss nicht vom Anspruchsgläubiger abhängen. 253

hemmer-Methode: Eine bloße Erwerbsaussicht bietet weniger Sicherheit als ein Anspruch. Es besteht nur eine vage Hoffnung und es fehlt an einem festen Rechtsboden. Daher genügt eine bloße Erwerbsaussicht nicht den Anforderungen des § 883 I 2 BGB.
Zum künftigen und bedingten Anspruch i.S.v. § 883 I 2 BGB sollten Sie unbedingt die verschiedenen Abwandlungen des Fall 13 in Hemmer/Wüst, Die 43 wichtigsten Fälle für Anfangssemester, Sachenrecht II durcharbeiten. Außerdem empfehlenswert: Hemmer/Wüst, Sachenrecht III, Rn. 105 ff.

II. Bewilligung/einstweilige Verfügung, § 885 BGB

§ 885 I 1 BGB setzt für das Entstehen einer Vormerkung eine Bewilligung oder eine einstweilige Verfügung voraus. 254

Bewilligung

Die Bewilligung ist eine einseitige, empfangsbedürftige Willenserklärung gegenüber dem Vormerkungsberechtigten oder dem Grundbuchamt. Sie ist formfrei und nicht mit der grundbuchrechtlichen Bewilligung (§ 19 GBO) zu verwechseln, obgleich sie regelmäßig mit ihr zusammen fällt und daher insoweit die Form des § 29 GBO einzuhalten ist. 255

Einstweilige Verfügung

Eine einstweilige Verfügung (§§ 935 ff. ZPO) verlangt nur, dass der obligatorische Anspruch gem. §§ 936, 920 II ZPO glaubhaft gemacht wird. Eine Glaubhaftmachung der Gefährdung des Anspruchs ist wegen § 885 I 2 BGB nicht nötig. Die Gefährdung ergibt sich bereits aus der Möglichkeit des Schuldners, bis zur Eintragung jederzeit Verfügungen über das Grundstück vorzunehmen. 256

III. Eintragung, §§ 883 I, 885 BGB

Eintragung

Gem. §§ 883 I, 885 BGB ist die Vormerkung in das Grundbuch einzutragen. Dabei ist die Eintragung konstitutiv, d.h. die Vormerkung entsteht nicht ohne die Eintragung. 257

hemmer-Methode: § 885 BGB ist lex specialis gegenüber § 873 BGB.
Konstitutiv bedeutet: Als wesentliche Bedingung den Bestand von etwas ermöglichen.

IV. Bewilligungsberechtigung

Bewilligungsberechtigung

Hinsichtlich der Berechtigung und Verfügungsbefugnis zur Bewilligung ergeben sich die allgemeinen sachenrechtlichen Grundsätze. 258

Auch § 878 BGB findet nach einhelliger Ansicht entsprechende Anwendung. Das ergibt sich aus der Sicherungswirkung der Vormerkung. Ist also die Vormerkung bewilligt und der Eintragungsantrag gestellt, hindert eine anschließend eintretende Verfügungsbeschränkung weder die Entstehung der Vormerkung noch die spätere Entstehung des vorgemerkten Rechts.

hemmer-Methode: Lesen Sie dazu die Beispiele in Hemmer/Wüst, Sachenrecht III, Rn. 113.

V. Gutgläubiger Ersterwerb nach §§ 892, 893 BGB

Gutgläubiger Ersterwerb

Ein gutgläubiger Ersterwerb, also der Erwerb der Vormerkung vom vermeintlichen Eigentümer, ist nach ganz h.M. gem. §§ 893 Alt.2, 892 BGB möglich, da die Vormerkung als Belastung eine Verfügung über das Grundstück beinhaltet (siehe dazu den dogmatischen Streit über die Rechtsnatur der Vormerkung). Über §§ 892 f. BGB ist jedoch nur der gute Glaube an die Berechtigung, nicht aber an das Bestehen der zu sichernden Forderung geschützt. 259

hemmer-Methode: Dazu sollten Sie unbedingt Fall 14 in Hemmer/Wüst, Die 43 wichtigsten Fälle für Anfangssemester, Sachenrecht II lesen.

VI. Rechtsfolgen des gutgläubigen Ersterwerbs nach §§ 892, 893 2.Alt. BGB

Wirkungen des gutgläubigen Ersterwerbs der Vormerkung?

Beim gutgläubigen Ersterwerb der Vormerkung (= Bewilligung der Vormerkung durch den Bucheigentümer) ist umstritten, ob und wie sich der Erwerb der Vormerkung auf den gutgläubigen Erwerb des dinglichen Rechts auswirkt. 260

Kleine Lösung: Gutgläubigkeit bis Antragstellung für dingliches Recht, § 892 II BGB

Die sog. kleine Lösung verlangt für den gutgläubigen Erwerb des vorgemerkten Rechts die Gutgläubigkeit gem. § 892 II BGB auch noch im Zeitpunkt der Antragstellung auf Eintragung des dinglichen Rechts. Der gutgläubige Erwerb der Vormerkung würde den Erwerber daher nicht vor späterer Bösgläubigkeit schützen. 261

Große Lösung: Gutgläubigkeit bei Vormerkungserwerb ausreichend

Nach der sog. **großen Lösung** wird der Zeitpunkt der Gutgläubigkeit auf die Antragstellung auf Eintragung der Vormerkung vorverlagert. 262

Ein späterer böser Glaube ist unbeachtlich und hindert den Erwerb des vorgemerkten Rechts daher nicht mehr. Begründet wird dies damit, dass die Vormerkung ihre Aufgabe nur dann erfüllen kann, wenn sie den Vorgemerkten nicht bloß gegen abweichende Verfügungen des Veräußerers schützt, sondern auch gegen andere Beeinträchtigungen des Erwerbs.

Kein gutgläubiger Erwerb bei einstweiliger Verfügung

Zu beachten ist aber, dass nach ganz h.M. ein gutgläubiger Ersterwerb der Vormerkung ausscheidet, wenn die Vormerkung aufgrund einer einstweiligen Verfügung eingetragen wird, da § 892 BGB nur bei rechtsgeschäftlichem Erwerb Anwendung findet. **263**

§ 2367 BGB bei Scheinerbe

Sogar bei Bewilligung der Vormerkung durch einen Scheinerben erfolgt ein gutgläubiger Erwerb nach §§ 2367, 2.Alt, 2366 BGB, sofern der Erblasser wahrer Eigentümer war. Falls er nur Bucheigentümer war, so kommt ein doppelt gutgläubiger Erwerb über die §§ 893, 2. Alt., 2367, 2.Alt BGB in Betracht. **264**

hemmer-Methode: Merken Sie sich, dass die §§ 2366 f. BGB den Erwerber nur so stellen, als ob er vom wahren Erben erworben hätte.

C. Wirkung der Vormerkung

Wirkung der Vormerkung

Die Wirkung der Vormerkung erstreckt sich auf drei Ebenen. **265**
Zum einen ist sie Sicherungsmittel für schuldrechtliche Ansprüche, vgl. § 883 I 1 BGB („zur Sicherung des Anspruchs"), was zu einer Sicherungswirkung nach §§ 883 II, 888 BGB führt. Zum anderen bestimmt die Vormerkung den Rang des zu sichernden Rechts (sog. Rangwirkung), vgl. § 883 III BGB. Außerdem schützt sie den Erwerber des Rechts in der Insolvenz des Veräußerers (sog. Vollwirkung), vgl. § 106 InsO.

hemmer-Methode: Streichen Sie sich (soweit zulässig) die Begriffe „Sicherung" in § 883 I 1 BGB und „Rang" in § 883 III BGB an. Außerdem sollten Sie sich § 106 InsO an § 883 BGB kommentieren. Ersparen Sie sich das Auswendiglernen, arbeiten Sie mit dem Gesetz!

I. Sicherungswirkung

Sicherungswirkung

Die Sicherungswirkung der Vormerkung zeigt sich in § 883 II, 888 BGB. 266

1. Relative Verfügungsbeschränkung, § 883 II BGB

a) Rechtsfolge des § 883 II BGB

Relative Verfügungsbeschränkung in § 883 II BGB

Die Vormerkung bewirkt durch § 883 II BGB eine relative Verfügungsbeschränkung. Danach sind Verfügungen über das Grundstück, die nach Eintragung der Vormerkung getroffen wurden, nur insoweit unwirksam, als sie den durch die Vormerkung gesicherten Anspruch vereiteln oder beeinträchtigen würden. 267

Die relative Unwirksamkeit führt also dazu, dass die vormerkungswidrige Verfügung **gegenüber jedermann wirksam** ist, **nur nicht** gegenüber dem Vormerkungsberechtigten. Damit sind weitere Eintragungen in das Grundbuch möglich, so dass die Vormerkung zu keiner Grundbuchsperre führt. Auch gilt die relative Unwirksamkeit von Anfang an, d.h. mit Eintragung des Rechts des Dritten, und muss nicht erst vom Vormerkungsberechtigten geltend gemacht werden.

Vormerkungswidrig Verfügender bleibt gegenüber dem Vormerkungsberechtigten Berechtigter

Der vormerkungswidrig Verfügende ist wegen der relativen Unwirksamkeit der Verfügung an den Dritten nach § 883 II BGB auch gegenüber dem Vormerkungsberechtigten weiterhin Berechtigter. Er kann daher dessen gesicherten schuldrechtlichen Anspruch erfüllen und die Übereignung an ihn vornehmen. Aufgrund der Tatsache, dass der vormerkungswidrig Verfügende erfüllen kann, ist eine Berufung auf subjektive Unmöglichkeit gem. § 275 I BGB ausgeschlossen. 268

Merke: Die Vormerkung schließt Unmöglichkeit aus!

Beispiel

> ***Bsp.:*** *V schließt mit K einen wirksamen Grundstückskaufvertrag. Zugunsten des K wird eine Vormerkung eingetragen. Vor Eintragung des K übereignet V das Grundstück nach §§ 873, 925 BGB an D. Kann K gegen V seinen Anspruch auf Übereignung aus § 433 I 1 BGB geltend machen?*

K könnte gegen V einen Anspruch aus § 433 I 1 BGB auf Eigentumsverschaffung haben. Dieser Anspruch könnte aber untergegangen sein, wenn dem Verpflichteten V die Eigentumsverschaffung subjektiv unmöglich geworden wäre, § 275 I 1.Alt. BGB, was sich aus einer anderweitigen Veräußerung ergeben könnte. V hat das Grundstück wirksam an D übereignet, so dass er grundsätzlich nicht mehr Berechtigter ist.

Da K jedoch wirksam eine Auflassungsvormerkung bestellt wurde, ist die Veräußerung des V an D nach § 883 II BGB dem K gegenüber unwirksam.

Gegenüber K ist V also noch Eigentümer, also Berechtigter. V kann sich nicht auf § 275 I 1.Alt. BGB berufen, er kann den Anspruch aus § 433 I 1 BGB erfüllen.

K hat gegen V einen Anspruch aus § 433 I 1 BGB auf Eigentumsverschaffung.

hemmer-Methode: In der Klausur müssen Sie Ihre Prüfung genau strukturieren und das Schema Anspruch entstanden, Anspruch erloschen und Anspruch durchsetzbar beachten. In dieser Fallkonstellation liegt der eindeutige Schwerpunkt auf der zweiten Ebene (Anspruch erloschen).
Sie müssen i.R. der Unmöglichkeit § 275 I BGB als Erlöschenstatbestand prüfen, also ob von Seiten des Schuldners der Leistungserfolg nicht mehr erbringbar ist. Dies ist dann nicht der Fall, wenn er wegen der Vormerkung nach § 883 II BGB weiterhin als Berechtigter anzusehen ist. Hier müssen Sie dann inzident die Entstehungsvoraussetzungen der Vormerkung prüfen. Lesen Sie dazu Fall 16 in Hemmer/Wüst, Die 43 wichtigsten Fälle für Anfangssemester, Sachenrecht II oder Hemmer/Wüst, Sachenrecht III, Rn. 118.

b) Tatbestandsvoraussetzungen des § 883 II BGB

Voraussetzungen des § 883 II BGB

Voraussetzungen des § 883 II BGB: 269

- Rechtsgeschäftliche Verfügung (§ 883 II 1 BGB) oder Verfügungen i.S.d. § 883 II 2 BGB nach Eintragung der Vormerkung
- Vormerkungswidrigkeit der Verfügung

Rechtsfolge: relative Unwirksamkeit der Verfügung (s.o.)

Verfügung i.S.v. § 883 II 1 oder 2 BGB

§ 883 II BGB setzt zunächst eine rechtsgeschäftliche (§ 883 II 1 BGB) oder eine ihr gleichgestellte Verfügung i.S.v. § 883 II 2 BGB voraus. 270

Widerspruch ist keine Verfügung

Ein Widerspruch stellt keine Verfügung i.S. des § 883 II BGB dar, weil er nach seiner Rechtsnatur keine Belastung des „Buchrechts“ (= Grundbuchposition) ist, sondern eine Sicherung eines im Grundbuch möglicherweise unrichtig oder überhaupt nicht ausgewiesenen dinglichen Rechts ermöglicht. 271

§ 883 II BGB analog bei Eintragung eines Widerspruchs

Die Folge davon wäre, dass ein Widerspruch nach Eintragung der Vormerkung noch den Erwerb des Vormerkungsberechtigten verhindern könnte. Die h.M. dagegen wendet § 883 II BGB analog auf den Widerspruch an und lässt ihn nicht gegenüber dem Vormerkungsberechtigten wirken. Es genügt nach der sog. großen Lösung der gute Glaube im Zeitpunkt des Erwerbs der Vormerkung (sog. gutgläubiger Ersterwerb). 272

Ein nach dem (gutgläubigen) Erwerb der Vormerkung eintretende Bösgläubigkeit oder die Eintragung eines Widerspruchs können daher den Erwerb des Eigentums vom Nichtberechtigten nicht mehr verhindern.

Begründung

Begründet wird die Analogie damit, dass die Vormerkung ihre Aufgabe nur erfüllen kann, wenn sie den vorgemerkten Anspruch nicht nur gegen abweichende Verfügungen, sondern auch gegen andere Beeinträchtigungen des Erwerbs schützt. 273

hemmer-Methode: Die sog. große Lösung führt dazu, dass die folgenden Ereignisse für den Erwerb des Vollrechts nach Eintragung der Vormerkung aufgrund der umfassenden Sicherungswirkung der Vormerkung unbeachtlich sind (§ 883 II BGB analog):

1. Der spätere böse Glaube
2. Der Widerspruch gegen die Richtigkeit des Grundbuchs
3. Die Zerstörung des Rechtsscheins des Grundbuchs durch die grundbuchberichtigende Eintragung des wahren Eigentümers.

Mietvertrag = Verfügung i.S.v. § 883 II BGB?

Fraglich ist, ob auch der Abschluss eines Mietvertrags eine Verfügung i.S.v. § 883 II BGB darstellen kann. In Betracht käme nur eine Analogie, da ein Mietvertrag nur ein schuldrechtliches und kein dingliches Rechtsgeschäft darstellt. 274

E.A.: § 883 II BGB analog (+)

Eine Ansicht bejaht diese Analogie. Hierfür wird zum einen angeführt, dass der bloß schuldrechtlich berechtigte Mieter nicht besser gestellt werden darf als der dinglich Wohnberechtigte nach § 1093 BGB, für den die relative Verfügungsbeschränkung des § 883 II BGB unstreitig gilt. 275

Zum anderen stellt der Mietvertrag gerade wegen § 566 BGB, der gewissermaßen zu einer absoluten Wirkung des Mietvertrages führt und diesem damit quasi dinglichen Charakter verleiht, einer Verfügung besonders nahe.

H.M: (-) wegen des Schutzzweck des § 566 BGB

Die h.M. und die Rspr. lehnen eine Analogie zu § 883 II BGB jedoch ab. Dafür spricht der Wortlaut des § 883 II BGB, der gerade nur auf Verfügungen abstellt (es fehlt an der Planwidrigkeit der Regelungslücke). Außerdem zielt § 566 BGB nur darauf ab, dass der Mieter vor einer Veräußerung der Mietsache geschützt wird. Konsequenz der Analogie wäre aber, dass der Mietvertrag gegenüber dem Vormerkungsberechtigten unwirksam wäre und der Schutzzweck des § 566 BGB in sein Gegenteil verkehrt würde. Auch der von der anderen Auffassung angeführte Wertungswiderspruch zwischen dem dinglichem und dem schuldrechtlichem Wohnrecht wiegt weniger schwer, da neben dem Wohnrecht nach § 1093 BGB zugleich ein Mietvertrag abgeschlossen werden kann. 276

Verfügung nach Eintragung der Vormerkung

Weitere Voraussetzung des § 883 II BGB ist, dass die Verfügung erst nach Eintragung der Vormerkung stattfindet. 277

Vormerkungswidrigkeit erfordert Vergleich

Die Vormerkungswidrigkeit der Verfügung hängt von ihrem Inhalt und von dem des gesicherten Anspruchs ab. Erforderlich ist, dass der zu sichernde Anspruch durch die Verfügung betroffen ist.

Auszugehen ist von der Grundbuchsituation im Zeitpunkt der Eintragung der Vormerkung. Jede anschließend erfolgende Verfügung ist vormerkungswidrig, wenn sie aus der Sicht des Vormerkungsberechtigten diesen Stand verschlechtert, d.h. den gesicherten Anspruch entweder vereiteln oder beeinträchtigen würde. 278

2. Zustimmung des Erwerbers, § 888 I BGB

Voraussetzungen des § 888 I BGB

<u>Voraussetzungen des § 888 I BGB:</u> 279

- ⇨ Anspruchsgegner hat ein eintragungsfähiges Recht an einem Grundstück erworben
- ⇨ Anspruchssteller ist Vormerkungsberechtigter (Inzidentprüfung der Vormerkungsvoraussetzungen)
- ⇨ Relative Unwirksamkeit des Erwerbs des Anspruchsgegners gegenüber dem Vormerkungsberechtigten wegen § 883 II BGB

Rechtsfolge: Anspruch auf grundbuchrechtliche (formelle) Zustimmung (= Bewilligung i.S.d. § 19 GBO).

hemmer-Methode: Auch hier gilt wieder: Vermeiden Sie stupides Auswendiglernen und unterstreichen Sie sich die einzelnen Voraussetzungen des § 888 I BGB im Wortlaut des Gesetzes (soweit nach ihrer Prüfungsordnung zulässig).

Zustimmungsanspruch nach § 888 I BGB gegen Erwerber auf Bewilligung (§ 19 GBO)

Für den Erwerb des durch die Vormerkung gesicherten Rechts bedarf es einer Eintragung im Grundbuch (§ 873 I BGB). Dazu ist formell-rechtlich neben dem Antrag eine Bewilligung (§ 19 GBO) des Betroffenen, d.h. desjenigen, dessen Recht durch diese Eintragung betroffen wird, erforderlich. Diese Bewilligung kann der Vormerkungsberechtigte nach § 888 I BGB vom Dritten, der ja jetzt im Grundbuch als Rechtsinhaber eingetragen ist, verlangen. 280

Kein Grundbuchberichtigungsanspruch nach § 894 BGB

Ein Grundbuchberichtigungsanspruch scheidet dagegen aus, da dieser die Unrichtigkeit des Grundbuchs voraussetzt, d.h. das Abweichen der materiellen von der formellen Rechtslage. 281

Der Vormerkungsberechtigte wird aber erst mit Eintragung Inhaber des Rechts und nicht vorher, so dass das Grundbuch die zutreffende materielle Rechtslage wiedergibt und nicht unrichtig ist. Die Zwischenverfügung ist lediglich gegenüber dem Vormerkungsberechtigten, also lediglich relativ unwirksam.

Zusammenfassung: Zur Sicherungswirkung der Vormerkung müssen Sie sich den Zweck der beiden Vorschriften §§ 883 II, 888 I BGB klar machen.

§ 883 II BGB dient dazu, dem Vormerkungsberechtigten seinen schuldrechtlichen Erfüllungsanspruch aufrecht zu erhalten und eine Unmöglichkeit nach § 275 BGB zu verhindern. § 888 I BGB dagegen spielt nur im Verhältnis zwischen dem Vormerkungsberechtigten und dem Dritten eine Rolle und sichert die Vollendung des dinglichen Rechtserwerbs, indem es die nach § 873 I BGB immer erforderliche Eintragung ermöglicht.

II. Rangwirkung

Rangwirkung gem. § 883 III BGB

Die Rangwirkung nach § 883 III BGB bewirkt, dass der Rang des vorgemerkten Rechts sich nach der Eintragung, also dem Rang der Vormerkung richtet. Dazu muss aber das Recht tatsächlich entstehen. 282

III. Vollwirkung

Vollwirkung gem. § 106 InsO

Die Vollwirkung nach § 106 InsO schützt den Vormerkungsberechtigten davor, dass der Veräußerer zum Insolvenzschuldner wird, indem das Wahlrecht des Insolvenzverwalters nach § 103 InsO beschränkt wird und der Erfüllungsanspruch des Vormerkungsberechtigten aufrechterhalten bleibt. 283

D. Verhältnis Vormerkungsberechtigter – Dritterwerber

§§ 987 ff. BGB analog

Im Verhältnis zwischen Vormerkungsberechtigtem und Dritterwerber sind die Vorschriften zum Eigentümer-Besitzer-Verhältnis (§§ 987 ff. BGB) entsprechend anwendbar, soweit dies dem gesicherten Anspruch entspricht. 284

Dabei ist der Vormerkungsberechtigte wie ein Eigentümer und der Dritterwerber wie ein Besitzer anzusehen.

> ***Bsp.:*** *E verkauft sein bebautes Grundstück an K. Zugunsten des K wird eine Vormerkung eingetragen. Später übereignet V das Grundstück an D gem. §§ 873, 925 BGB. Dieser renoviert das Dach des Gebäudes. Als sich die Sache aufklärt bewilligt D dem K die Eintragung gem. § 19 GBO. Im Gegenzug kann D gegenüber K nach §§ 994 I, 1001 BGB Verwendungsersatz für die Renovierung geltend machen.*

hemmer-Methode: Lesen Sie dazu Hemmer/Wüst, Sachenrecht III, Rn. 125a.

E. Übertragung der Vormerkung

I. Übertragung

Übertragung nach §§ 398, 401 BGB

Die Vormerkung ist streng akzessorisch zu dem zu sichernden Anspruch und steht immer dem Gläubiger des Anspruchs zu. 285

Eine isolierte Übertragung der Vormerkung kann aufgrund der Akzessorietät nie erfolgen. Stattdessen geht sie kraft Gesetzes gem. § 401 BGB (u.U. i.V.m. § 412 BGB) mit Abtretung des gesicherten Anspruchs nach § 398 BGB auf den Zessionar (= neuer Forderungsinhaber) über. Die Übertragung geschieht außerhalb des Grundbuchs. Eine Eintragung ist nicht erforderlich. Der Zessionar kann aber über § 894 BGB eine Eintragung verlangen, da das Grundbuch nicht mehr die wahre Rechtslage wiedergibt.

Die Abtretung nach § 398 BGB ist als Verfügung formlos möglich. § 311b I 1 BGB gilt weder für die Abtretung als Verfügung noch das ihr zugrunde liegende Kausalgeschäft, da dieses lediglich eine Forderung und kein Grundstück zum Gegenstand hat.

Abtretung = Verfügung

Merke: Auch wenn die Abtretung im Schuldrecht geregelt ist, so ist sie doch eine Verfügung, da sie die Inhaberschaft an der Forderung unmittelbar durch Rechtsgeschäft überträgt.

II. Gutgläubiger Zweiterwerb

Gutgläubiger Zweiterwerb

Der gutgläubige Ersterwerb der Vormerkung gem. §§ 892, 893 2.Alt BGB ist unstreitig möglich, s.o. Umstritten ist, ob auch ein gutgläubiger Zweiterwerb der Vormerkung möglich ist. Dabei ist danach zu unterscheiden, ob der gesicherte Anspruch besteht. 286

hemmer-Methode: Der gutgläubige Erwerb meint den Erwerb vom vermeintlichen Eigentümer, während der gutgläubige Zweiterwerb den Erwerb vom vermeintlichen Inhaber eines Rechts an der Sache behandelt. Bei ersterem geht es i.d.R. um die Bestellung eines Rechts, während beim Zweiterwerb das Recht selbst Gegenstand der Übertragung ist.

1. Der gesicherte Anspruch besteht nicht

Anspruch besteht nicht

Sofern der gesicherte Anspruch nicht besteht, kann aufgrund der Akzessorietät auch keine Vormerkung entstehen. Fraglich ist, ob ein Dritter die zu Unrecht eingetragene Vormerkung wirksam erwerben kann. 287

Gutgläubiger Zweiterwerb nicht möglich

Das Grundbuch schützt nicht den Glauben an das Bestehen der gesicherten Forderung. 288

Da zudem ein gutgläubiger Forderungserwerb mangels Rechtsscheinträgers nicht möglich ist (Ausnahme: 405 BGB), die Vormerkung aber nur mit Abtretung der Forderung übergehen kann, ist in dieser Fallkonstellation kein gutgläubiger Zweiterwerb möglich.

> **Bsp.:** *A verkauft sein Grundstück an B. Zugunsten des B wird eine Vormerkung eingetragen. Es stellt sich heraus, dass A beim Grundstückskaufvertrag geschäftsunfähig war.*
>
> *Später tritt B die Forderung nach § 433 I 1 BGB gegen A an den gutgläubigen C ab.*
>
> Im Fall ist aufgrund § 105 I BGB kein wirksamer Kaufvertrag und damit kein wirksamer Übereignungsanspruch entstanden. Mangels Anspruchs konnte B keine Vormerkung – auch nicht gutgläubig – erwerben. Da ein gutgläubiger Forderungserwerb nicht möglich ist, erwarb auch C weder Forderung noch Vormerkung.

hemmer-Methode: Wenn keine Forderung besteht, kann die Vormerkung ja gar nichts sichern. Sie geht dann ins Leere. Weil keine zu sichernde Forderung denkbar ist, ergibt auch eine Übertragung der Vormerkung keinen Sinn!

2. Die Vormerkung ist nicht entstanden

Anspruch entstanden, Vormerkung nicht entstanden

Umstritten ist, ob ein gutgläubiger Zweiterwerb der Vormerkung möglich ist, wenn die Forderung zwar besteht, aber die Vormerkung aus sonstigen Gründen nicht entstanden ist. 289

H.L.: kein gutgläubiger Zweiterwerb (-)

Die h.L. lehnt einen gutgläubigen Zweiterwerb auch in dieser Fallkonstellation ab. Begründet wird dies damit, dass die Vormerkung gem. §§ 412, 401 BGB kraft Gesetzes übergehe und es am rechtsgeschäftlichen Erwerb fehle. Außerdem genügt für den Übergang der Vormerkung die bloße Abtretung in Form einer Einigung, ohne dass ein Rechtsscheinsträger vorliegt, der einen gutgläubigen Erwerb legitimieren könnte. Letztlich steht auch der Sinn und Zweck der Vormerkung als vorläufiges Sicherungsmittel dem gutgläubigen Zweiterwerb entgegen. Die Vormerkung soll gerade nicht verkehrsfähig (= umlauffähig) sein wie z.B. die Hypothek, sondern dem Vormerkungsberechtigten die Erfüllung seines Anspruchs sichern. 290

Rspr.: Gutgläubiger Zweiterwerb (+)

Der BGH lässt dagegen einen gutgläubigen Zweiterwerb der Vormerkung über die Anwendung der §§ 892 f. BGB dann zu, wenn Vormerkung aufgrund der Bösgläubigkeit des Ersterwerbers nicht entstanden ist, nicht aber wenn die Bewilligung unwirksam war (z.B. Geschäftsunfähigkeit des Bucheigentümers). Diese Differenzierung wird damit begründet, dass auch die Übertragung der Vormerkung auf eine Rechtsgeschäft zurückzuführen sei, nämlich die Abtretung der Forderung nach § 398 BGB. Außerdem sei ein Vergleich zur Hypothek angebracht, bei der ein gutgläubiger Zweiterwerb unstreitig möglich sei, obwohl diese auch nur durch rechtsgeschäftliche Übertragung der Forderung übergehe. 291

Kritik der h.L.

Diese Rspr. ist starker Kritik der h.L. ausgesetzt. Zum einen wird dem BGH vorgeworfen, keine Gründe für seine Differenzierung geliefert zu haben. Zum anderen sei der Vergleich mit der Hypothek nicht möglich 292

Denn bei dieser besteht die Besonderheit, dass das akzessorische Recht der Forderung die Form der Übertragung aufzwingt (§ 1154 BGB; Merksatz: „Die Dienerin zwingt der Herrin ihre Form auf"). Im Gegensatz zur Vormerkung ist bei der Übertragung der Hypothek also ein Publizitätsträger vorhanden.

Beispielsfall

> ***Bsp.:*** *Bucheigentümer B verkauft dem bösgläubigen K ein Grundstück und bewilligt K eine Vormerkung, die eingetragen wird.*
>
> *K tritt seinen Übereignungsanspruch nach § 433 I 1 BGB an den gutgläubigen D ab. Der wahre Eigentümer E wird nun mit Zustimmung des B wieder als Eigentümer eingetragen. Welche Rechte hat D nach Zahlung des Kaufpreises?* 293
>
> Lösung: K hatte wegen seiner Bösgläubigkeit keine Vormerkung von Nichtberechtigten erworben. 294
>
> Fraglich ist deshalb, ob nach K ein gutgläubiger Zweiterwerb der eingetragenen, aber nicht entstandenen Vormerkung in Betracht kommt. Im Fall hat D nach Ansicht des BGH eine Vormerkung gutgläubig nach den §§ 892 f. BGB erworben und kann von B die Auflassung aus § 433 I 1 BGB und von E nach E § 888 BGB die Zustimmung zu seiner Eintragung als Eigentümer verlangen. Nach der h.L. hat D dagegen keine Vormerkung erworben.

hemmer-Methode: Ein anschauliches und sehr ausführliches Fallbeispiel zum Problem des gutgläubigen Zweiterwerb finden Sie auch in Hemmer/Wüst, Die 43 wichtigsten Fälle für Anfangssemester, Sachenrecht II, Fall 15.

F. Erlöschen der Vormerkung

Untergang des Anspruchs führt zum Erlöschen der Vormerkung (Akzessorietät!)

Aufgrund der Akzessorietät der Vormerkung erlischt diese mit dem Untergang des gesicherten Anspruchs. Steht dem Anspruch nur eine dauernde Einrede wie z.B. die Verjährung nach § 214 I BGB entgegen, so bestehen zwar sowohl Anspruch als auch Vormerkung. Der von der Vormerkung betroffene Rechtsinhaber kann aber nach § 886 BGB Beseitigung der Vormerkung verlangen. 295

Aufhebung der Vormerkung

Die Vormerkung kann auch gem. §§ 875 f. BGB analog durch Erklärung des Vormerkungsberechtigten aufgehoben werden. Eine versehentliche Löschung im Grundbuch lässt den Bestand der Vormerkung dagegen unberührt. 296

§ 8 Das dingliche Vorkaufsrecht

A. Überblick

Zweck des dinglichen Vorkaufsrecht

Das dingliche Vorkaufsrecht ist in den §§ 1094 ff. BGB geregelt und ermöglicht dem Berechtigten, das belastete Grundstück zu denselben Konditionen zu kaufen, zu denen der Verpflichtete es an einen Dritten verkauft hat. 297

Rechtsnatur

Das dingliche Vorkaufsrecht stellt nach einhelliger Ansicht ein beschränktes dingliches Recht, d.h. eine dingliche Belastung des Grundstücks dar. 298

Schuldrechtliches und dingliches Vorkaufsrecht

Zu unterscheiden ist das dingliche vom schuldrechtlichen (= persönliches) Vorkaufsrecht, welches in den §§ 463 ff. BGB geregelt ist. Nach § 1098 I 1 BGB gelten die §§ 463 ff. BGB auch für das dingliche Vorkaufsrecht. Beim schuldrechtlichen Vorkaufsrecht erfolgt die Einräumung mittels des schuldrechtlichen Vertrages selbst. Beim dinglichen Vorkaufsrecht muss strickt zwischen der schuldrechtlichen Causa (Rechtskauf, § 453 I BGB) und der Bestellung selbst (Eintragung und Einigung, § 873 BGB) differenziert werden. Scheitert die Eintragung, ist das dingliche Vorkaufsrecht nicht entstanden. Allerdings kann dann diskutiert werden, ob bereits durch den schuldrechtlichen Vertrag ein Vorkaufsrecht eingeräumt werden sollte, so dass zumindest ein schuldrechtliches Vorkaufsrecht entstanden wäre. Das ist nach der Rechtsprechung des BGH eine Auslegungsfrage. 299

Unterschiede

Im Unterschied zum schuldrechtlichen Vorkaufsrecht, welches an allem bestellt werden kann, was Gegenstand des Kaufvertrags sein kann, bezieht sich das dingliche Vorkaufsrecht nur auf Grundstücke (§ 1094 BGB) sowie auf Erbbaurechte (§ 11 I 1 ErbbauRG) und Wohnungseigentum. Daraus folgt, dass das Verpflichtungsgeschäft beim dinglichen Vorkaufsrecht immer der Form des § 311b I 1 BGB bedarf, wogegen das persönliche Vorkaufsrecht grundsätzlich formfrei ist, wenn nicht ein Grundstück Kaufgegenstand ist. Das dingliche Vorkaufsrecht kann im Gegensatz zum persönlichen gem. § 1097 BGB auch für mehrere Vorkaufsfälle bestellt werden. Dafür ist sein Inhalt aufgrund des sachenrechtlichen Typenzwangs durch das Gesetz vorgegeben und grundsätzlich nicht abdingbar. Für das schuldrechtliche Vorkaufsrecht gilt dagegen die Vertragsfreiheit (auch Inhalts- und Gestaltungsfreiheit). 300

Nur das dingliche Vorkaufsrecht wirkt nach § 1098 II BGB gegenüber Dritten wie eine Vormerkung.

B. Entstehung des dinglichen Vorkaufsrechts

Voraussetzungen des dinglichen Vorkaufsrechts

Voraussetzungen für die Bestellung eines dinglichen Vorkaufsrechts: 301

⇨ Einigung (formlos) gem. § 873 I BGB mit dem Inhalt der §§ 1094 ff. BGB

⇨ Eintragung gem. § 873 I BGB

⇨ Einigsein im Zeitpunkt der Eintragung

⇨ Berechtigung des Bestellers

⇨ Verfügungsbefugnis des Bestellers

hemmer-Methode: Erkennen Sie die Systematik und Struktur des BGB! Wiederum richtet sich die Bestellung des dinglichen Vorkaufsrechts als eine Rechtsänderung an einem Grundstück nach den allgemeinen Vorschriften der §§ 873 ff. BGB, die durch die speziellen Regelung der §§ 1094 ff. BGB modifiziert werden. Sie müssen also keineswegs die einzelnen Voraussetzungen für die Bestellung des Vorkaufsrechts auswendig lernen. Diese ergeben sich aus dem Gesetz und der Systematik des Immobiliarsachenrechts!

Einigung formfrei

Die Einigung nach § 873 I BGB i.V.m. § 1094 BGB ist auf- 302
grund eines Umkehrschlusses zu § 925 BGB, der als Ausnahmevorschrift im Sachenrecht die Form der Auflassung regelt, formfrei möglich. Für das schuldrechtliche Verpflichtungsgeschäft gilt dagegen § 311b I 1 und 2 BGB.

Berechtigter des Vorkaufsrechts

Berechtigter des Vorkaufsrechts kann nach § 1094 I BGB 303
eine bestimmte Person (subjektiv-persönliches Vorkaufsrecht) oder nach § 1094 II BGB der jeweilige Eigentümer eines anderen Grundstücks sein (subjektiv-dingliches Vorkaufsrecht). Beide Alternativen schließen sich gegenseitig aus. Eine Umwandlung von der einen in die andere Form ist nach § 1103 BGB unzulässig.

§ 1097 BGB

Nach § 1097 S.1 BGB beschränkt sich das dingliche Vor- 304
kaufsrecht grundsätzlich auf einen Vorkaufsfall in der Person des Verpflichteten (= Besteller) oder dessen Erben. Das Vorkaufsrecht kann aber nach § 1097 S.2 BGB auch für mehrere Fälle oder alle Vorkaufsfälle bestellt werden.

Berechtigung

Merke: Beachten Sie, dass der Vorkaufsverpflichtete (= Besteller) bei Bestellung des Vorkaufsrechts verfügungsberechtigt sein muss. 305

C. Verfügungen über das Vorkaufsrecht und sein Erlöschen

I. Übertragung

Unterschiede bei Übertragung!

Hinsichtlich der Übertragung des dinglichen Vorkaufsrechts ist zwischen dem subjektiv-persönlichen (§ 1094 I BGB) und dem subjektiv- dinglichen Vorkaufsrecht (§ 1094 II BGB) zu unterscheiden. 306

Subjektiv-persönliches Vorkaufsrecht, § 1094 I BGB

Das subjektiv-persönliche Vorkaufsrecht ist nach §§ 1098 I 1, 473 S.1 BGB grundsätzlich nicht übertragbar oder vererblich. Eine abweichende Vereinbarung nach den §§ 873 I, 877 BGB (Inhaltsänderung) ist aber möglich, vgl. § 473 S.1 a.E. BGB („soweit nicht ein anderes bestimmt ist"). Die Übertragung richtet sich dann nach der allgemeinen Vorschrift des § 873 I BGB. 307

Subjektiv-dingliches Vorkaufsrecht, § 1094 II BGB

Ein subjektiv-dingliches Vorkaufsrecht ist untrennbar mit dem Eigentum verbunden, § 1103 I BGB, und stellt einen wesentlichen Bestandteil des herrschenden Grundstücks gem. § 96 BGB dar. Daher ist das Vorkaufsrecht nicht sonderrechtsfähig, so dass eine isolierte Übertragung ausscheidet. Inhaber des Vorkaufsrechts ist folglich immer der jeweilige Eigentümer des Grundstücks. 308

II. Erlöschen

Erlöschen

Das Vorkaufsrecht erlischt in folgenden Fällen: 309

- Ausübung des Vorkaufsrechts
- Verzicht auf die Ausübung des Vorkaufsrechts, Fristablauf (§ 469 II BGB) oder Übereignung des Grundstücks an Dritten ohne Eintritt des Vorkaufsfalles, sofern es nicht für mehrere Vorkaufsfälle bestellt wurde (vgl. § 1097 BGB)
- Aufhebung des Vorkaufsrechts gem. §§ 875, 876 BGB

D. Ausübung des Vorkaufsrechts

Voraussetzungen

310 Der Vorkaufsberechtigte hat gegen den Vorkaufsverpflichteten einen Anspruch auf Übereignung und Übergabe des Grundstücks nach § 433 I 1 BGB i.V.m. §§ 463 ff., 464 II, 1094, 1098 I BGB, wenn:

- ⇨ ein Vorkaufsrecht zugunsten des vorkaufsberechtigten wirksam bestellt ist und noch fortbesteht,
- ⇨ der Vorkaufsfall eintritt und
- ⇨ das Vorkaufsrecht ausgeübt wird.

I. Vorkaufsfall

§§ 1098 I 1, 463 BGB

311 Nach den §§ 1098 I 1, 463 BGB liegt der Eintritt eines Vorkaufsfalls vor, wenn der Vorkaufsverpflichtete mit einem Dritten einen **wirksamen** Kaufvertrag abschließt.

Keine Vorkaufsfälle

Keine Vorkaufsfälle sind: Tausch, Schenkung (kein Kauf), Verkauf im Wege der Zwangsvollstreckung oder durch Insolvenzverwalter (wegen § 1098 I, 471 BGB), im Zweifel auch der Verkauf an gesetzliche Erben (§§ 1098 I 1, 470 BGB).

312 Beachten Sie, dass das Vorkaufsrecht bei einer Übereignung erlischt, wenn es nur für einen Vorkaufsfall bestellt wurde, auch wenn unter den oben genannten Umständen kein Vorkaufsfall eintritt.

II. Wirksame Ausübung des Vorkaufsrechts

Formfreie Ausübung mittels einseitiger empfangsbedürftiger WE, §§ 1098 I 1, 464 I BGB

313 Das Vorkaufsrecht wird gem. §§ 1098 I 1, 464 I 1 BGB durch eine einseitige empfangsbedürftige Willenserklärung gegenüber dem Vorkaufsverpflichteten ausgeübt, die keiner Form unterliegt (§§ 1098 I 1, 464 I 2 BGB).

Ausübungsfrist gem. §§ 1098 I 1, 469 II BGB

314 Bei der Ausübung muss der Vorkaufsberechtigte die Ausübungsfrist von zwei Monaten nach Mitteilung des Vorkaufsfalls beachten, vgl. § 1098 I 1, 469 II BGB.

III. Wirkung

Inhaltliche Bindung

Durch die wirksame Ausübung des Vorkaufsrechts kommt nach §§ 1098 I 1, 464 II BGB zwischen Vorkaufsberechtigtem und Vorkaufsverpflichtetem ein Kaufvertrag zu den Bedingungen zustande, die mit dem Dritten vereinbart wurden. 315

Dabei kann die inhaltliche Bindung des Vorkaufsberechtigten an den Kaufvertrag nur soweit gehen, wie ihm die Erfüllung nach Ausübung seines Rechts möglich ist.

hemmer-Methode: Lesen Sie dazu Hemmer/Wüst, Sachenrecht III, Rn. 143.

E. Schutz des Vorkaufsberechtigten

I. Vormerkungswirkung

Vormerkungswirkung gem. §§ 1098 II, 883, 888 BGB

Nach § 1098 II BGB hat das dingliche Vorkaufsrecht die Wirkung einer Vormerkung nach den §§ 883, 888 BGB. Daher sind **nach Eintritt des Vorkaufsfalls** getroffene Verfügungen des Vorkaufsverpflichteten gegenüber dem Vorkaufsberechtigten relativ unwirksam gem. §§ 1098 II, 883 II BGB, soweit sie das Vorkaufsrecht vereiteln oder beeinträchtigen. Der Vormerkungsverpflichtete ist gegenüber dem Berechtigten noch Eigentümer, so dass er dem schuldrechtlichen Anspruch auf Übereignung nicht § 275 BGB entgegenhalten kann. 316

Gegen den eingetragenen Dritterwerber steht dem Vorkaufsberechtigten gem. §§ 1098 II, 888 I BGB ein Anspruch auf Zustimmung (§ 19 GBO) zu. 317

II. Herausgabeanspruch

Herausgabeanspruch aus § 1100 BGB, wenn § 985 BGB nicht greift

Der Vorkaufsberechtigte hat gegen den Dritten, der im Besitz des Grundstücks ist – selbst wenn er noch nicht Eigentümer ist (dann greift sowieso § 985 BGB) – einen Herausgabeanspruch aus § 1100 BGB. Das ergibt sich zwar nicht direkt aus dem Wortlaut des § 1100 BGB, die Vorschrift setzt aber das Bestehen eines Herausgabeanspruchs voraus. 318

III. §§ 987 ff. BGB

§§ 987 ff. BGB

Wenn der Vorkaufsberechtigte bereits als Eigentümer eingetragen ist, stehen ihm die Rechte aus §§ 987 ff. BGB gegen den besitzenden Dritten direkt zu. 319

§§ 987 ff. BGB analog, falls Vormerkungsberechtigter noch kein Eigentümer ist

Nach heute h.L. gelten die §§ 987 ff. BGB in entsprechender Anwendung gegenüber dem Dritten auch dann, wenn der Vormerkungsberechtigte noch nicht Eigentümer ist. 320

hemmer-Methode: Zum Abschluss des Kapitels über das dingliche Vorkaufsrecht sei noch auf Fall 19 in Hemmer/Wüst, Die 43 wichtigsten Fälle für Anfangssemester verwiesen.

§ 9 Anwartschaftsrechte an Grundstücken

A. Anwartschaft und Anwartschaftsrecht

Einordnung

Anwartschaften sind Durchgangsstadien bei mehraktiger Entstehung von Vollrechten. Sie stehen zwischen der Möglichkeit eines Rechtserwerbs (z.B. bloßes Kaufangebot) und dem späteren Vollrecht. Von einer bestimmten Zwischenstufe an ist es angebracht, eine Rechtsposition anzuerkennen, die sich darin zeigt, dass der Erwerb des Vollrechts schon so fortgeschritten und gesichert ist, dass dem Erwerber ein „wesensgleiches minus" zum Vollrecht zusteht. Man spricht dann von einem Anwartschaftsrecht. 321

Definition

Daran anknüpfend lässt sich ein Anwartschaftsrecht dahin gehend definieren, dass von einem mehraktigen Entstehungstatbestand eines Rechts bereits so viele Erfordernisse erfolgt sind, dass von einer gesicherten Rechtsposition des Erwerbers gesprochen werden kann, die **der andere an der Entstehung des Rechts Beteiligte nicht mehr einseitig grundlos zu zerstören vermag**. Eine bloße Anwartschaft dagegen hat noch keine sichere Verwirklichungsstufe erreicht. 322

Entsprechende Anwendung der Vorschriften über das Vollrecht

Je nach Gegenstand (unbewegliche oder bewegliche Sachen) des Anwartschaftsrechts sind die Vorschriften des Vollrechts entsprechend anzuwenden (etwa §§ 873, 925, 929 ff. BGB). 323

B. Anwartschaftsrecht des Grundstückserwerbers

AWR durch EV wegen § 925 II BGB bei Grundstücken nicht möglich

Ein Anwartschaftsrecht des Grundstückserwerbers kann aufgrund der Bedingungsfeindlichkeit der Auflassung, § 925 II BGB, nicht aufgrund des typischen Falls des Eigentumsvorbehalts (§§ 929 S.1, 158 I BGB) entstehen. 324

AWR erforderlich, um Käufer zu schützen

Dennoch muss es beim Grundstückserwerb ein Anwartschaftsrecht des Käufers geben, da dieser schutzbedürftig ist. Maßgeblich dafür, ob eine hinreichend sichere Rechtsposition entstanden ist, ist immer die obige Definition. 325

Mehraktiger Erwerbstatbestand, der teilweise erfüllt ist

326 Das Anwartschaftsrecht setzt einen mehraktigen Erwerbstatbestand voraus, der beim Grundstückserwerb durch Auflassung und Eintragung gem. §§ 873, 925 BGB gegeben ist. Weiterhin muss ein Teil der Voraussetzungen erfüllt sein.

Dafür genügt beim Grundstückserwerb das Vorliegen der Auflassung gem. § 925 BGB. Demnach wäre die erste Voraussetzung für ein Anwartschaftsrecht erfüllt.

Gesicherte Rechtsposition?

327 Fraglich ist, wann die Rechtsposition des Grundstückserwerbers derart gesichert ist, dass sie nicht mehr einseitig grundlos durch den Veräußerer zerstört werden kann.

(+), wenn neben Auflassung Vormerkung zugunsten des Erwerbers

328 Nach ganz h.M. ist dies der Fall, wenn neben der Auflassung auch eine Vormerkung zugunsten des Erwerbers im Grundbuch eingetragen ist, da er dann durch die §§ 883 II, 888 BGB so geschützt ist, dass der Veräußerer ihn nicht mehr am Eigentumserwerb hindern kann.

(+) nach h.M., wenn bindende Auflassung (§ 873 II BGB) und Eintragungsantrag des Erwerbers

329 Umstritten ist, ob die gesicherte Rechtsposition auch dann bejaht werden kann, wenn neben der Auflassung der **Erwerber** einen Eintragungsantrag nach § 13 GBO stellt. Dies ist wohl zu bejahen, da die Auflassung wegen §§ 20, 29 GBO i.d.R. notariell beurkundet wird und somit eine Bindungswirkung gem. § 873 II BGB besteht, der Eintragungsantrag des Erwerbers also nicht mehr vom Veräußerer beeinflusst werden kann (Prioritätsprinzip nach § 17 GBO).

(-) bei bloßer Auflassung

330 Unstreitig bewirkt die bloße Auflassung kein Anwartschaftsrecht, weil der Veräußerer weiterhin ohne Weiteres über das Grundstück verfügen kann.

C. Übertragung des Anwartschaftsrechts

Übertragung durch Auflassung und Eintragungsantrag

331 Die Übertragung des Anwartschaftsrechts vollzieht sich außerhalb des Grundbuchs allein durch Auflassung gem. §§ 873, 925 BGB. Eine Eintragung ist weder nötig noch möglich. Da aber das Vollrecht der Eintragung bedarf, muss für den Anwartschaftserwerber zum Erwerb des Vollrechts ein Antrag auf Eintragung gestellt werden. Mit seiner Eintragung erwirbt der Anwartschaftsrechtserwerber dann ohne Zwischeneintragung des ersten Anwartschaftsrechtsinhabers bei Vorliegen der noch ausstehenden Erwerbsakte unmittelbar vom Veräußerer das Vollrecht. Die entsprechende Verpflichtung zur Übertragung des Anwartschaftsrechts bedarf der Form des § 311b I BGB.

hemmer-Methode: Lesen Sie zum Thema Pfändung und Verpfändung des Anwartschaftsrechts Hemmer/Wüst, Sachenrecht III, Rn. 154 f.

D. Aufhebung des Anwartschaftsrechts

Bei Wegfall einer Voraussetzung

Das Anwartschaftsrecht erlischt, wenn eine seiner Voraussetzungen wegfällt, etwa durch Rücknahme des Eintragungsantrags gem. § 13 GBO. Dies gilt auch, wenn die Parteien die Auflassung einvernehmlich durch formlosen Vertrag wieder aufheben. 332

Nach h.M.: § 311b I 1 BGB

Nach h.M. bedarf die schuldrechtliche Verpflichtung zur Aufhebung des Anwartschaftsrechts der Form des § 311b I 1 BGB, da das Anwartschaftsrecht als Vorstufe den Schutzvorschriften des Vollrechts unterliegt. 333

hemmer-Methode: Lesen Sie zum Thema Anwartschaftsrechte an Grundstücken das Fallbeispiel 18 in Hemmer/Wüst, Die 43 wichtigsten Fälle für Anfangssemester, Sachenrecht II.

§ 10 Grundpfandrechte

A. Allgemeines

Grundpfandrecht = Pfandrecht an unbeweglichen Sachen

Der Begriff des Grundpfandrechts findet sich im BGB nicht, 334
jedoch hat er sich als Oberbegriff für alle Arten von **Pfandrechten an unbeweglichen Sachen** eingebürgert. Die Grundpfandrechte stehen den Pfandrechten an beweglichen Sachen gem. §§ 1204 ff. BGB gegenüber. Geregelt sind die Grundpfandrechte in den §§ 1113 ff. BGB im Abschnitt 7 des dritten Buchs (Sachenrecht) des BGB. Die Grundpfandrechte sind beschränkt dingliche Rechte an Grundstücken, die dem jeweiligen Inhaber ein Verwertungsrecht am Grundstück zuweisen.

Arten von Grundpfandrechten: Hypothek, Grundschuld und Rentenschuld

Zu den Grundpfandrechten gehören abschließend (sachen- 335
rechtlicher Typenzwang!) die Rechtsinstitute der Hypothek (§§ 1113 ff. BGB), der Grundschuld (§§ 1192 ff. BGB) und der Rentenschuld (§§ 1199 ff. BGB). Dabei gilt, dass einzelne Vorschriften über die Hypothek (§§ 1113 ff. BGB) auch auf die Grund- und Rentenschuld unter den Voraussetzungen der §§ 1192, 1200 BGB entsprechende Anwendung finden.

hemmer-Methode: Für die Klausur sind nur Hypothek und Grundschuld von Bedeutung, so dass auf eine weitere Darstellung der Rentenschuld verzichtet wird. Lesen Sie dazu Hemmer/Wüst, Sachenrecht III, § 13.

Bedeutung als Sicherungsmittel

Die Bedeutung der Grundpfandrechte liegt darin, dass sie 336
ein wesentliches Sicherungsmittel in der Kreditwirtschaft darstellen, d.h. sie verschaffen dem Gläubiger einer Forderung (z.B. Darlehensrückzahlungsanspruch aus § 488 I 2 BGB) ein dingliches Sicherungsrecht.

Kein Anspruch auf Zahlung, sondern auf Duldung der Zwangsvollstreckung

Aus den Grundpfandrechten ergibt sich **kein Zahlungsan-** 337
spruch, sondern ein Recht des Inhabers des Grundpfandrechts, von dem Grundstückseigentümer die **Duldung der Zwangsvollstreckung in das belastete Grundstück** verlangen zu können, vgl. **§ 1147 BGB**. Dies bedeutet, dass der Eigentümer nicht persönlich mit seinem ganzen Vermögen für die gesicherte Forderung haftet (sonst sog. Personalsicherheit), sondern nur mit dem belasteten Grundstück (sog. **Realsicherheit**).

Rangwirkung und dingliches Recht als Vorteil des Grundpfandrechts gegenüber Forderung

Der eigenständige Sinn und Zweck des Grundpfandrechts neben der persönlichen Forderung, die sich auf das gesamte Vermögen und nicht nur auf das belastete Grundstück bezieht, ist dessen Rangwirkung und Dinglichkeit. Dies wirkt sich gerade in der Zwangsvollstreckung und Insolvenz aus, da hier der Inhaber des Grundpfandrechts den persönlichen, nicht dinglich gesicherten Gläubigern gem. §§ 10 I Nr. 4 ZVG, 49 InsO vorgeht. 338

B. Unterschiede zwischen Hypothek und Grundschuld

Hypothek ist im Gegensatz zur Grundschuld akzessorisch

Maßgeblicher Unterschied zwischen Hypothek und Grundschuld ist die Abhängigkeit der Hypothek vom Bestand der zu sichernden Forderung (sog. Akzessorietät). Während die **Hypothek in Entstehung, Übertragung und Erlöschen akzessorisch an die Forderung angelehnt ist, §§ 1153 II, 1154 BGB**, ist die Grundschuld sachenrechtlich von der Forderung unabhängig, vgl. Wortlaut in § 1191 BGB im Gegensatz zu § 1113 BGB („wegen einer ihm zustehenden Forderung"). Dient auch die Grundschuld der Sicherung eines Anspruchs (sog. Sicherungsgrundschuld), so stellt der neben der Grundschuld und der Forderung stehende Sicherungsvertrag (auch Sicherungsabrede genannt) eine **schuldrechtlich** wirkende Verknüpfung zwischen Forderung und Grundschuld her. 339

§ 11 Die Hypothek

A. Allgemeines

I. Rechtsnatur

Hypothek = dingliche Belastung

Die Hypothek ist eine dingliche Belastung des Grundstücks des Sicherungsgebers (= Grundstückseigentümers) und gibt dem Gläubiger ein Verwertungsrecht (§ 1113 I BGB). Der Gläubiger kann bei Fälligkeit der Hypothek das Grundstück im Wege der Zwangsvollstreckung verwerten und sich auf diese Weise wegen der gesicherten Forderung befriedigen, § 1147 BGB. 340

Anspruch auf Duldung der Zwangsvollstreckung

§ 1147 BGB zeigt, dass der Gläubiger aus dem dinglichen Grundpfandrecht der Hypothek nur die Duldung der Zwangsvollstreckung vom Sicherungsgeber verlangen kann, nicht aber Zahlung. Somit schuldet der Sicherungsgeber dem Gläubiger niemals die Erfüllung der gesicherten Forderung aus der Hypothek. Ihm steht nach § 1142 I BGB aber das Recht zu, durch Befriedigung des Gläubigers die Zwangsvollstreckung abzuwenden. 341

II. Die Akzessorietät der Hypothek

Akzessorietät: Forderung ist Entstehungsvoraussetzung

Die Hypothek entsteht nicht ohne die zu sichernde Forderung. Sie ist in ihrer Entstehung, in ihrem Fortbestand und in ihrer Durchsetzbarkeit grundsätzlich von der gesicherten Forderung abhängig. Entsteht die Forderung nicht oder erlischt sie, verwandelt sich die Hypothek in eine Eigentümergrundschuld, vgl. §§ 1163 I, 1177 I BGB. 342

Durchbrechung des Akzessorietätsgrundsatzes in §§ 1138, 1156 BGB für die Verkehrshypothek

Durchbrechungen des Grundsatzes der Akzessorietät werden nur in den Fällen der §§ 1138, 1156 BGB gemacht. Dies gilt jedoch nur für die Verkehrshypothek, wegen §§ 1184, 1185 II BGB aber nicht für die Sicherungshypothek. Deshalb wird die Sicherungshypothek auch als streng akzessorisch (vgl. Wortlaut „nur nach der Forderung") bezeichnet. 343

Übertragung der Forderung, nicht her Hypothek

Weitere Konsequenz der Akzessorietät ist, dass die Hypothek nicht selbst übertragen werden kann, sondern als Annex zur gesicherten Forderung mit übergeht, vgl. §§ 1154 I, 1153 I BGB. 344

hemmer-Methode: Unerlässliche Voraussetzung für das Verständnis der Grundpfandrechte ist wiederum das Lesen und Arbeiten mit dem Gesetz. Außerdem lässt sich die Hypothek auch sehr gut mit einem systematischen Vergleich zu den anderen akzessorischen Sicherheiten (Pfandrecht, Bürgschaften) erschließen, die nach demselben Muster „gestrickt" sind.
Eine Besonderheit besteht bei der Hypothek nur insofern, als die Forderung gem. § 1154 BGB nach sachenrechtlichen Grundsätzen übertragen wird. Es gilt der Merksatz: Die Dienerin (= akzessorische Hypothek) zwingt der Herrin (= Forderung) ihre Form auf.

III. Arten der Hypothek

Arten

Es gibt verschiedene Arten von Hypotheken, die sich je nach förmlicher Erteilung (Buch- oder Briefhypothek), Umlauffähigkeit (Verkehrs- oder Sicherungshypothek), Inhalt der Hypothek (Fremd- oder Eigentümerhypothek), Sicherungsgegenstand (Gesamthypothek) oder nach der Haftungsgrenze (Höchstbetragshypothek) unterscheiden. 345

Brief- und Buchhypothek

Die Unterscheidung zwischen Brief- und Buchhypothek wirkt sich bei der Bestellung und der Übertragung der Hypothek aus. Bei der Briefhypothek wird ein Hypothekenbrief erteilt, der die Umlauffähigkeit und Verkehrsfähigkeit der Hypothek erhöht, vgl. §§ 1154 I, 1155 BGB. Dagegen ist die Buchhypothek schwerer zu übertragen, da bei ihr anstatt der Briefübergabe nach § 1154 III BGB eine Eintragung in das Grundbuch erfolgen muss. **Gesetzlicher Regelfall der Hypothek ist die Briefhypothek, § 1116 I BGB**. 346

Verkehrs- und Sicherungshypothek

Das Gesetz unterscheidet weiterhin zwischen der Sicherungshypothek und dem Grundfall der Hypothek, der sog. Verkehrshypothek. Diese Differenzierung knüpft an die Verkehrsfähigkeit der Hypothek an. Dabei kann die Verkehrshypothek als gesetzlicher Regelfall nach § 1116 BGB entweder als Brief- oder als Buchhypothek ausgestaltet sein, während die Sicherungshypothek nach § 1185 I BGB nur als Buchhypothek möglich ist. 347

Zu beachten ist hierbei, dass der Begriff Sicherungshypothek nicht aussagekräftig ist, da beide Hypothekenarten der Sicherung einer Forderung dienen. Jedoch ist die Akzessorietät, also die Abhängigkeit der Hypothek von der Forderung, bei der Verkehrshypothek zugunsten einer besseren Verkehrs- und Umlauffähigkeit gelockert.

Dies zeigt sich durch die Regelungen in §§ 1138, 1156 BGB (Durchbrechungen des Akzessorietätsgrundsatzes), die nach § 1185 II BGB nicht auf die Sicherungshypothek anwendbar sind.

Merke: Lesen Sie zur Sicherungshypothek Fall 33 in Hemmer/Wüst, Die 43 wichtigsten Fälle für Anfangssemester, SachenR II.

hemmer-Methode: Beachten Sie den Unterschied zwischen der Sicherungshypothek und der Sicherungsgrundschuld. Letztere entspricht eher der Verkehrshypothek.
Durch die Bezeichnung „Sicherungsgrundschuld" soll nur zum Ausdruck kommen, dass die Grundschuld der Sicherung einer Forderung dient und somit die Funktion erfüllt, die im Hypothekenrecht regelmäßig der Verkehrshypothek zufällt. Dagegen ist die rechtsgeschäftliche Bestellung einer Sicherungshypothek selten und wenig klausurrelevant. Sie entsteht in einigen Fällen kraft Gesetzes (§§ 1287 BGB, 848 II 2 ZPO) oder i.R.d. Zwangsvollstreckung (§ 866 I ZPO).

Fremd- und Eigentümerhypothek

Weiterhin unterscheidet man die (Fremd-) Hypothek als gesetzlichen Regelfall und die Eigentümerhypothek. Bei letzterer ist der Inhaber des belasteten Grundstücks auch Inhaber der zu sichernden Forderung. Nach § 1177 II BGB gelten für sie die Vorschriften über die Eigentümergrundschuld. Bei der Fremdhypothek ist der Inhaber von Hypothek und Forderung (Sicherungsnehmer) mit dem Grundstückseigentümer (Sicherungsgeber) personenverschieden. **348**

hemmer-Methode: Beachten Sie den Unterschied in § 1177 BGB zwischen Absatz I und II. Im ersten Absatz wird die Hypothek zu einer Eigentümergrundschuld, da dem Eigentümer die zu sichernde Forderung nicht zusteht. Dagegen ist für eine Eigentümerhypothek nach § 1177 II BGB auch die Inhaberschaft der Forderung beim Eigentümer notwendig.

Gesamthypothek

Nach dem Sicherungsgegenstand kann die Hypothek an einem einzelnen Grundstück oder als **eine** Gesamthypothek an mehreren Grundstücken gem. § 1132 BGB bestellt werden. Jedoch ist es aufgrund des engen Zusammenhangs zwischen Forderung und Hypothek nicht möglich, für eine Forderung mehrere Hypotheken zu bestellen. **349**

Merke: Lesen Sie dazu Fall 34 in Hemmer/Wüst, Die 43 wichtigsten Fälle für Anfangssemester, Sachenrecht II.

Höchstbetragshypothek

In § 1190 BGB ist die Höchstbetragshypothek kodifiziert, bei der nur der Höchstbetrag der Haftung, nicht aber die konkrete Haftungssumme festgelegt wird (siehe dazu Hemmer/Wüst, Sachenrecht III, Rn. 165).

IV. Überblick über die einzelnen Rechtsverhältnisse bei der Hypothek

Um die Hypothek besser zu verstehen, soll ein kurzer Überblick über die einzelnen Rechtsverhältnisse und beteiligten Personen an der Hypothek gegeben werden.

Es sind drei Rechtsverhältnisse zu unterscheiden:

1. Das Schuldverhältnis, aus dem die **gesicherte Forderung gegen den persönlichen Schuldner** resultiert, oft ein Darlehensvertrag (Darlehensrückzahlungsanspruch, § 488 I S.2 BGB). Der persönliche Schuldner haftet mit seinem ganzen Vermögen.

2. Die **Hypothek, die gegen den jeweiligen Grundstückseigentümer des belasteten Grundstücks** (= dinglicher Schuldner) einen Anspruch auf Duldung der Zwangsvollstreckung (§ 1147 BGB) gibt. Dinglicher und persönlicher Schuldner können verschiedene Personen sein, Forderung und Hypothek können dagegen nur einem Gläubiger zustehen (Akzessorietät der Hypothek). 350

3. Das dritte Rechtsverhältnis ist die der Hypothekenbestellung zugrundeliegende sog. **Sicherungsabrede**, die den Rechtsgrund für die Hypothekenbestellung bildet. Ist sie unwirksam, ist die Hypothek kondizierbar nach § 812 I 1 (1.Alt.) BGB.

hemmer-Methode: Sind Sicherungsgeber und persönlicher Schuldner personenverschieden kommt als 4. Schuldverhältnis der beiden zueinander hinzu. Das betrifft die Zusage des Sicherungsgebers, die Sicherheit zu gewähren. Häufig wird es sich hier um einen Auftrag bzw. um einen Geschäftsbesorgungsvertrag handeln.

B. Die Entstehungsvoraussetzungen für eine Hypothek

Voraussetzungen

Bei den Entstehungsvoraussetzungen für eine Hypothek muss zwischen der Brief- und Buchhypothek unterschieden werden: 351

Briefhypothek

352

<u>Entstehungsvoraussetzungen der Briefhypothek:</u>

⇨ Dingliche Einigung gem. § 873 I BGB mit dem Inhalt des § 1113 I BGB

⇨ Eintragung gem. § 873 I BGB mit dem Inhalt des § 1115 BGB

⇨ Übergabe des Hypothekenbriefes bzw. Übergabesurrogat, § 1117 BGB

⇨ Berechtigung und Verfügungsbefugnis des Bestellers

⇨ Bestehen der zu sichernden Forderung, §§ 1113, 1163 I BGB

Buchhypothek

353

<u>Entstehungsvoraussetzungen der Buchhypothek:</u>

⇨ Dingliche Einigung gem. § 873 I BGB mit dem Inhalt der § 1113 BGB **und** § 1116 II BGB (Ausschluss der Brieferteilung)

⇨ Eintragung gem. § 873 I BGB mit dem Inhalt des § 1113 BGB **und** § 1116 II BGB

⇨ Berechtigung und Verfügungsbefugnis des Bestellers

⇨ Bestehen der zu sichernden Forderung, §§ 1113, 1163 I BGB

I. Dingliche Einigung

Dingliche Einigung nach § 873 I BGB notwendig

Das Erfordernis der dinglichen Einigung zwischen Sicherungsgeber und Gläubiger ergibt sich aus den allgemeinen Vorschriften über Rechte an Grundstücken (§§ 873 ff. BGB). § 1113 BGB bestimmt nur den Inhalt dieser Vereinbarung. 354

hemmer-Methode: Die Entstehungsvoraussetzungen ergeben sich aus dem Wortlaut und der Systematik des Gesetzes. Die §§ 873 ff. BGB sind die Grundnormen des Immobiliarsachenrechts, auf die die speziellen Grundstücksrechte aufbauen.

Inhalt der Einigung nach § 1113 BGB

Die Einigung ist ein abstrakter, auf eine dingliche Rechtsänderung gerichteter Vertrag. 355

Keine Form

Die dingliche Einigung ist aufgrund des Grundsatzes der Formfreiheit im BGB und mangels spezieller Normen formlos möglich. In der Praxis wird aber eine notarielle Beurkundung erfolgen, um die Bindungswirkung nach § 873 II BGB zu erzielen und dem grundbuchrechtlichen Formerfordernis des § 29 I GBO zu genügen. 356

Umstritten: Eigentümergrundschuld bei Einigungsmangel?

Umstritten ist, ob bei einem Mangel in der Einigung über die Hypothekenbestellung wenigstens eine Eigentümergrundschuld entstehen kann, da dann eine Vereinigung zwischen Eigentum und Grundpfandrecht vorliegt (vgl. §§ 1163, 1177 BGB). *357*

Dies ist nur dann zweifelhaft, wenn die Einigung über die Bestellung des Fremdrechts zwar nicht zustande gekommen ist, das Recht aber eingetragen und die Willenserklärung des Eigentümers wirksam ist.

Beispiel nach Fall 21 in Hemmer/Wüst, Die 43 wichtigsten Probleme für Anfangssemester, Sachenrecht II (sehr lesenswert!): *358*

G hat S ein Darlehen über 100.000 € eingeräumt. Als S bei Fälligkeit der Forderung keinen Cent aufbringen kann, versucht er, G von einer Hypothekenbestellung zu überzeugen. G ist aber dagegen. Trotzdem beantragt S, in der Überzeugung G noch umstimmen zu können, eine Buchhypothek beim Grundbuchamt zugunsten des G i.H.v. 100.000 €, die auch im Grundbuch eingetragen wird. Wie ist die Rechtlage an der Buchhypothek zu beurteilen? Ist ein anderes Recht entstanden?

E.A.: EGS (+)

Eine Literaturansicht kommt für den Fall dass eine wirksame Willenserklärung des Eigentümers und die Eintragung vorliegen, zum Ergebnis, dass eine Eigentümergrundschuld entstanden sei. Dafür werden unterschiedliche Begründungen geliefert. Zum einen wird eine Umdeutung nach § 140 BGB angenommen, da zwar die Bestellung einer Eigentümergrundschuld kein Minus zu einer Hypothekenbestellung darstelle, jedoch rein objektiv betrachtet eine Erklärung des Eigentümers vorliege, sein Grundstück mit einem Grundpfandrecht belasten zu wollen. *359*

Zum anderen wird für eine analoge Anwendung des § 1163 I 1, II BGB plädiert, da eine andere Auffassung dem Interesse des Eigentümers, ein ungerechtfertigtes Aufrücken der nachrangigen Grundpfandrechtsgläubiger zu verhindern, widerspräche, welches auch nach § 1163 BGB für den Fall des Fehlens der Forderung kraft Gesetzes geschützt sei (Begründung für vergleichbare Interessenlage und planwidrige Regelungslücke).

H.M.: keine Eigentümergrundschuld

Die h.M. verneint dagegen die Annahme einer Eigentümergrundschuld. Die Annahme einer Eigentümergrundschuld widerspricht eindeutig den Intentionen des Gesetzgebers, der in den §§ 1163, 1196 BGB die Eigentümergrundschuld abschließend normiert hat. Demzufolge soll es gerade nicht möglich sein, einer Eigentümergrundschuld lediglich durch eine dingliche Einigung zwischen zwei Parteien zur Entstehung zu verhelfen, wenn nach § 1196 II BGB eindeutig eine Erklärung gegenüber dem Grundbuchamt notwendig sein soll. *360*

Folglich fehlt es an einer planwidrigen Regelungslücke, so dass eine entsprechende Anwendung des § 1163 BGB ausscheidet.

Auch dem auf § 140 BGB gestützten Argument der Gegenansicht werden erhebliche dogmatische Bedenken entgegen gebracht. Eine Umdeutung eines zweiseitigen Rechtsgeschäfts gegebenenfalls sogar gegen den Willen der einen Partei (siehe Beispiel) in ein einseitiges Rechtsgeschäft widerspricht dem subjektiven Tatbestandsmerkmal des § 140 BGB. Auch sind die Voraussetzungen für das Ersatzgeschäft, d.h. für die Begründung der Eigentümergrundschuld nach § 1196 II BGB, nicht gegeben, da sich die dingliche Einigung zwischen den Parteien und nicht durch Abgabe der Willenserklärung gegenüber dem Grundbuchamt vollzieht.

hemmer-Methode: Um diese Argumentation zu verstehen und wiederzugeben, kommt es nicht auf stupides Auswendiglernen, sondern entscheidend darauf an, dass Sie die Voraussetzungen einer Analogie und einer Umdeutung nach § 140 BGB kennen und mit diesen argumentieren.
Voraussetzungen einer Analogie sind planwidrige Gesetzeslücke und vergleichbare Interessenslage.
Voraussetzungen einer Umdeutung nach § 140 BGB sind Objektiv: a) nichtiges Rechtsgeschäft, das b) nicht mehr auslegbar ist und c) den Erfordernissen eines Ersatzgeschäftes entspricht, welches d) in seinen rechtlichen Wirkungen nicht weiter reicht als das unwirksame und e) nicht der von den Parteien erstrebte Erfolg, sondern nur der gewählte rechtliche Weg von der Rechtsordnung missbilligt wird; Subjektiv: Die Umdeutung muss dem wirklich geäußerten oder mutmaßlichen Parteiwillen entsprechen.

Lösung des Beispielfalls:

G hat mangels dinglicher Einigung keine Buchhypothek erworben. Aufgrund der Tatsache, dass die §§ 1163, 1196 BGB nicht verwirklicht wurden, steht dem S keine Eigentümergrundschuld zu.

II. Eintragung

Eintragung nach § 873 I BGB notwendig mit Inhalt gem. § 1115 BGB

Aus der allgemeinen Vorschrift des § 873 I BGB ergibt sich auch das zweite Erfordernis für die Bestellung einer Hypothek, die Eintragung. § 1115 BGB normiert lediglich den Inhalt der Eintragung in das Grundbuch. 361

Grundbuchrechtliche Voraussetzungen: Antrag (§ 13 GBO) und Bewilligung (§ 19 GBO)

Grundbuchrechtliche Voraussetzung für eine Eintragung ist wiederum ein Eintragungsantrag des Eigentümers oder Gläubigers gem. § 13 GBO und die formalrechtliche Bewilligung des verlierenden Teils, d.h. des Eigentümers nach § 19 GBO, in der Form des § 29 GBO. 362

Inhalt der Eintragung gem. § 1115 BGB

Inhaltliche Voraussetzung für die Eintragung der Hypothek ist nach dem Gesetzeswortlaut des § 1115 BGB die Angabe des Gläubigers (der Forderung), der Geldbetrag der Forderung und, wenn die Forderung verzinslich ist, der Zinssatz, wenn andere Nebenleistungen zu entrichten sind, ihr Geldbetrag im Grundbuch. Im Übrigen kann zur Bezeichnung der Forderung auf die Eintragungsbewilligung Bezug genommen werden, § 1115 I letzter Halbsatz BGB. 363

Qualitative Abweichung von Einigung und Eintragung

Weitere Voraussetzung für eine wirksame Eintragung ist, dass dingliche Einigung und Eintragung sich inhaltlich entsprechen. Sofern eine qualitative Abweichung besteht, kommt eine Rechtsänderung nicht zustande. 364

> **Bsp.:** *Die Hypothek wird nicht am Grundstück des Sicherungsgebers, sondern am Grundstück eines unbeteiligten Dritten eingetragen.*

Quantitative Abweichung von Einigung und Eintragung

Bei quantitativen Abweichungen wird i.d.R. der durch Auslegung zu ermittelnde übereinstimmende Parteiwille darauf gerichtet sein, dass wenigstens das mindere Recht entsteht. Folglich ist grundsätzlich für den Fall, dass ein zu geringer Forderungsbetrag eingetragen wird als der, auf den sich die Parteien geeinigt haben, der Parteiwille dahingehend auszulegen, dass die Hypothek zumindest mit dem geringeren Betrag entstanden ist. Im umgekehrten Fall entsteht die Hypothek nur i.H. des durch die Einigung vorgegebenen Betrages. Soweit die Eintragung über die Einigung hinausgeht, ist das Grundbuch unrichtig (= Abweichung der materiellen von der formellen Rechtslage), so dass der Eigentümer vom Gläubiger Berichtigung nach § 894 BGB verlangen kann. Anderenfalls besteht bei Übertragung der gesicherten Forderung die Gefahr eines gutgläubigen Erwerbs der Hypothek nach der Grundbucheintragung. 365

III. Briefübergabe oder Ausschluss der Brieferteilung

Die dritte Entstehungsvoraussetzung richtet sich danach, ob die Parteien des Sicherungsvertrages eine Brief- oder eine Buchhypothek vereinbart haben. 366

1. Briefhypothek

Bei Briefhypothek ist Briefübergabe erforderlich, § 1117 BGB

Die Briefhypothek als Regelfall der Verkehrshypothek ist in § 1116 I BGB normiert. Nach § 1117 I BGB entsteht die Hypothek erst mit Übergabe des Hypothekenbriefs an den Gläubiger. Sind bis auf die Übergabe alle Entstehungsvoraussetzung erfüllt, so steht das Recht dem Eigentümer als „vorläufige" Eigentümer**grundschuld** zu nach §§ 1163 II, 1177 I BGB. 367

Der Zweck des § 1117 BGB besteht darin, den Eigentümer vor Auszahlung der Valuta zu schützen. Vor der Auszahlung der Darlehenssumme besteht wegen des Wortlautes des § 488 I 2 BGB noch keine Forderung – diese kommt erst mit Auszahlung des Kreditbetrags zustande – und somit keine wirksame Hypothek. Daran ändert auch § 1113 II BGB nichts, der im Zusammenhang mit § 1163 I 1 BGB zu sehen ist (unbedingt an § 1113 II BGB kommentieren, soweit zulässig). Dafür entsteht eine Eigentümergrundschuld nach §§ 1163 I 1, 1177 I BGB. Es besteht die Gefahr, dass der zukünftige, im Grundbuch schon eingetragene Gläubiger einen gutgläubigen Dritten die Hypothek verschaffen könnte (vgl. §§ 1138, 892 BGB). Jedoch ist bei der Briefhypothek seine Legitimation gutgläubigen Dritten gegenüber ohne den Brief noch nicht perfekt, vgl. §§ 1154 I, 1140 BGB, so dass ein gutgläubiger Erwerb regelmäßig ausscheidet.

Übergabe nach § 1117 I 2, II BGB

Die Übergabe kann nach § 1117 I 2 BGB auch durch die bei der Übertragung beweglicher Sachen bekannten Übergabesurrogate erfolgen. Als besonderes Surrogat sieht § 1117 II BGB vor, dass eine Vereinbarung (zwischen Gläubiger und Eigentümer!) zugunsten des Gläubigers, sich den Brief vom Grundbuchamt aushändigen zu lassen, genügt. Die Hypothek entsteht dabei schon mit dieser Aushändigungsabrede und nicht erst mit Aushändigung oder Ausstellung des Briefes. 368

hemmer-Methode: Beachten Sie, dass i.R.d. § 1117 I BGB der Brief nicht übereignet, sondern nur übergeben wird. Das Eigentum an dem Hypothekenbrief steht dem Gläubiger mit Entstehung des Rechts automatisch zu, § 952 I, II BGB. Mittels dieser Vorschrift wird gewährleistet, dass die Inhaberschaft bzgl. Hypothek und die Eigentumsstellung am Hypothekenbrief zu keinem Zeitpunkt auseinander fallen.

§ 1117 III BGB

Die Regelung in § 1117 III BGB stellt eine besondere Beweislastregel für die Entstehungsvoraussetzung „Übergabe“, dar.

hemmer-Methode: Lesen Sie dazu Fall 22 in Hemmer/Wüst, Die 43 wichtigsten Fälle für Anfangssemester, Sachenrecht II.

2. Buchhypothek

Buchhypothek schließt Briefübergabe aus

Eine Buchhypothek entsteht erst, wenn neben den allgemeinen Voraussetzungen (Einigung und Eintragung) eine Ausschlussvereinbarung über den Hypothekenbrief zwischen Gläubiger und Eigentümer getroffen wird und der Briefausschluss eingetragen wird (vgl. § 1116 II 3 BGB). 369

hemmer-Methode: Lesen Sie dazu unbedingt Fall 21 in Hemmer/Wüst, Die 43 wichtigsten Fälle für Anfangssemester, Sachenrecht II.

3. Eintragung der falschen Hypothekenform

Problem: Eintragung der falschen Hypothekenform

Bei der Hypothekenbestellung stellt sich das Problem, dass die vereinbarte Hypothekenform von der eingetragenen abweichen kann. Als Grundsatz für das gesamte Immobiliarsachenrecht gilt, dass im Falle einer quantitativen Abweichung das Recht bei entsprechendem Parteiwillen nur im Umfang der Übereinstimmung zwischen Einigung und Eintragung entsteht. Dies muss auch für den Fall gelten, dass statt der vereinbarten Briefhypothek eine Buchhypothek eingetragen wird und umgekehrt. 370

> ***Bsp. 1:*** *G und E vereinbaren eine Briefhypothek, jedoch wird eine Buchhypothek im Grundbuch eingetragen.*
>
> ***Bsp. 2:*** *G und E vereinbaren eine Buchhypothek, jedoch wird eine Briefhypothek eingetragen und ein Hypothekenbrief an G erteilt.*

Buchrecht erfordert „Mehr“ aufgrund § 1116 II 3 BGB

Das Verhältnis von der Buch- zur Briefhypothek ist dadurch geprägt, dass das Buchrecht gegenüber dem Briefrecht ein Mehr an Einigung und Eintragung verlangt. Dies ergibt sich aus § 1116 II 3 BGB, der für das Buchrecht, neben den allgemeinen Voraussetzungen, eine Einigung und eine Eintragung über den Briefausschluss verlangt. 371

Für die zwei Fallbeispiele hat dies folgende Konsequenzen:

> Lösung Bsp. 1: Grundsätzlich haben sich die Parteien G und E nach §§ 873 I, 1113 BGB dahingehend geeinigt, dass eine Briefhypothek bestellt werden soll. Mangels Einigung über den Briefausschluss kommt daher eine Buchhypothek nicht in Betracht. Zum Wirksamwerden einer Briefhypothek fehlt es jedoch an der Übergabe des Hypothekenbriefes.
>
> Daher steht die Hypothek bis zur Briefübergabe an G dem Sicherungsgeber E als vorläufige Eigentümergrundschuld nach §§ 1163 II, 1177 I BGB zu. 372
>
> Lösung Bsp. 2:
>
> In dieser Fallkonstellation fehlt es für eine Buchhypothek an der Eintragung mit dem Inhalt des § 1116 II BGB. Dagegen genügt die Einigung über eine Buchhypothek den Anforderungen einer Briefhypothek, da sie eine Einigung über eine Hypothekenbestellung umfasst und die zusätzliche Einigung über den Briefausschluss mangels Eintragung keine rechtlichen Wirkungen erzeugt. Auch die Eintragung und die Übergabe des Hypothekenbriefs ist erfolgt, so dass G Inhaber einer wirksamen Briefhypothek ist
>
> Dies gilt jedoch nur, wenn der Parteiwille nicht einer Briefhypothek widerspricht.

Merke: Lesen Sie dazu Frage 3 zu Fall 22 in Hemmer/Wüst, Die 43 wichtigsten Fälle für Anfangssemester, SachenR II.

IV. Berechtigung und Verfügungsbefugnis des Bestellers bzw. gutgläubiger Erwerb

Berechtigung und Verfügungsbefugnis des Bestellers als Entstehungsvoraussetzung

Aufgrund der Geltung der allgemeinen Grundstücksvorschriften (§§ 873 ff. BGB) muss grundsätzlich auch bei der Hypothek der Sicherungsgeber bis zur Vollendung des Hypothekenerwerbs Eigentümer des zu belastenden Grundstücks sein und darf nicht in seiner Verfügungsbefugnis beschränkt sein. 373

Gutgläubiger Ersterwerb der Hypothek nach § 892 I BGB

Anderenfalls kommt ein gutgläubiger (Erst-) Erwerb der Hypothek nach § 892 I BGB in Betracht. Hierbei gelten die Ausführungen zum gutgläubigen Erwerb des Eigentums an Grundstücken entsprechend (siehe § 6). Hinzuweisen ist lediglich auf zwei Besonderheiten des gutgläubigen Ersterwerbs der Hypothek: 374

Voraussetzung: Forderung ist entstanden

Zum einen muss für einen gutgläubigen Erwerb die zu sichernde Forderung entstanden sein. Fehlt es schon hieran, so ist ein Erwerb über § 892 BGB weder bei der Verkehrs- noch bei der Sicherungshypothek möglich. Die unterschiedliche Ausformung der Akzessorietät beider Hypotheken wirkt sich erst bei der Übertragung aus. 375

hemmer-Methode: Dieses Ergebnis ergibt sich schon aus den Entstehungsvoraussetzungen der Hypothek: Einigung, Eintragung, Forderung und Berechtigung. Das Bestehen einer Forderung, das wegen der Akzessorietät notwendig ist, kann nicht von § 892 BGB überwunden werden!

Gutgläubigkeit bis zur Valutierung des Darlehens erforderlich

Zum anderen kann es bei Klausuren mit Hypotheken passieren, dass in Abweichung von § 892 II BGB ein späterer Zeitpunkt für die Gutgläubigkeit des Erwerbers maßgebend ist. § 892 II BGB stellt auf den Zeitpunkt der Antragstellung beim Grundbuchamt ab. Dies setzt aber voraus, dass bis auf die Eintragung alle sonstigen Tatbestandsmerkmale für den Erwerb erfüllt sind. Die Hypothek entsteht aber erst mit Valutierung (= Auszahlung der Darlehensumme), da nach dem Wortlaut des § 488 I 2 BGB erst ab diesem Zeitpunkt der Rückzahlungsanspruch und damit die Forderung begründet wird. 376

Folglich wird es regelmäßig nicht auf den in § 892 II BGB relevanten Zeitpunkt ankommen. Vielmehr wird es darauf ankommen, ob der Sicherungsnehmer noch im Zeitpunkt der Auszahlung des Darlehens gutgläubig ist. Zum besseren Verständnis sei die Lektüre des Falls 24 in Hemmer/Wüst, Die 43 wichtigsten Fälle für Anfangssemester, Sachenrecht II empfohlen.

Unterschied zwischen gutgläubigen Erst- und Zweiterwerb

hemmer-Methode: Unterscheiden Sie im Sachenrecht immer zwischen dem gutgläubigen Erst- und Zweiterwerb, unabhängig davon, ob es sich um eine Hypothek, Vormerkung, Faustpfand oder ein Anwartschaftsrecht geht. Beim gutgläubigen Ersterwerb (wie hier) wird ein Recht vom vermeintlichen Eigentümer erworben, so dass § 892 I BGB direkt zur Anwendung gelangt.

Dagegen wird beim gutgläubigen Zweiterwerb ein Recht vom vermeintlichen Rechtsinhaber erworben. Ein Beispielsfall zum gutgläubigen Ersterwerb findet sich in Hemmer/Wüst, Die 43 wichtigsten Fälle für Anfangssemester, Sachenrecht II, Fall 25.

V. Die Forderung

Akzessorietät der Hypothek nach § 1113 I BGB: Existenz einer Forderung ist Entstehungsvoraussetzung

Nach § 1113 I BGB wird als weitere Entstehungsvoraussetzung der Hypothek das Bestehen einer Forderung verlangt. 377 Die Existenz der Hypothek hängt also von dem Entstehen und Fortbestand der Forderung ab (sog. Akzessorietät der Hypothek).

Dabei muss der persönliche Schuldner (= Schuldner der zu 378 sichernden Forderung) nicht mit dem Sicherungsgeber (= Grundstückseigentümer) identisch sein, denn dieser kann nach § 1143 BGB auch die Hypothek für die Schuld eines anderen bestellen. Jedoch müssen auf der Aktivseite der Gläubiger der Forderung und der Hypothekeninhaber (= Sicherungsnehmer) identisch sein. Dies ergibt sich aus § 1153 BGB, der die Akzessorietät der Hypothek bei einer Übertragung normiert.

1. Sicherungsfähige Forderungen

Zahlungsanspruch

Die Hypothek kann nur Zahlungsansprüche, also nur solche 379 Forderungen sichern, deren Inhalt auf Zahlung einer Geldsumme gerichtet ist.

§ 1113 II BGB: auch bedingte oder zukünftige Forderungen

Nach § 1113 II BGB genügt für die Bestellung einer Hypothek schon eine bedingte oder künftige Forderung. Eine künftige Forderung ist eine Forderung, deren rechtsgeschäftliche Entstehungsvoraussetzungen noch nicht vollendet, aber bestimmbar sind, und für deren Entstehung schon eine feste Grundlage geschaffen worden ist.

Haftung auch für Zinsen

Daneben umfasst die Haftung für die Forderung auch die gesetzlichen und eingetragenen vertraglich vereinbarten Zinsen, vgl. §§ 1115 I, 1118 BGB.

hemmer-Methode: Beachten Sie, dass es aufgrund des Verbots der Doppelsicherung keine Mehrheit von Hypotheken zur Sicherung einer Forderung gibt. Es besteht aber die Möglichkeit einer Gesamthypothek nach § 1132 BGB.

2. Konsequenz der Nichtvalutierung, § 1163 I 1 BGB

Bis Valutierung besteht eine EGS, §§ 1163 I 1, 1177 I BGB

Die Hypothek kann nicht ohne Forderung entstehen, vgl. § 1113 I BGB. Sie kann aber bereits für eine künftige Forderung bestellt werden, § 1113 II BGB. 380

Bis zur endgültigen Entstehung der gesicherten Forderung besteht nach §§ 1163 I 1, 1177 I 1 BGB (soweit zulässig, unbedingt an § 1113 II BGB kommentieren!) eine Eigentümergrundschuld und keine Eigentümerhypothek, unabhängig davon, ob der Sicherungsnehmer bereits als Gläubiger des Buchrechts eingetragen worden ist oder ob er als Gläubiger des Briefrechts den Hypothekenbrief bereits empfangen hat.

Begründen lässt sich dieses zunächst etwas seltsam anmutende Ergebnis mit der Akzessorietät der Hypothek (Forderung und Hypotheken müssen vereinigt sein). Ansonsten hätte der Eigentümer eine Hypothek, obwohl ihm keine zu sichernde Forderung zusteht. Die Grundschuld dagegen ist ein nichtakzessorisches Recht, so dass ein Auseinanderfallen zwischen Forderung und Inhaberschaft der Grundschuld den gesetzlichen Regelungen entspricht.

Fall für § 1113 II BGB ist Nichtvalutierung

Einen klausurrelevanten solchen Fall stellt die Nichtvalutierung der Forderung (also die Nichtauszahlung des Darlehensbetrags) dar. Die zu sichernde Forderung ist dann noch nicht entstanden, vgl. § 488 I 2 BGB, jedoch ist mit dem Abschluss des Darlehensvertrags der „Rechtsboden“ für diese bereitet, so dass eine künftige Forderung i.S.v. § 1113 II BGB gegeben ist. Die sich daraus ergebende Rechtsfolge nach §§ 1163 I 1, 1177 I BGB sieht vor, dass der Eigentümer Inhaber einer durch die Auszahlung auflösend bedingten Eigentümergrundschuld wird. Der künftige Hypothekar und Gläubiger wird dagegen Inhaber eines Anwartschaftsrechts, da der Erwerb des Vollrechts nur noch von ihm abhängt. Der Gläubiger kann das das Darlehen jederzeit auszahlen. Er verfügt daher schon jetzt über eine gesicherte Rechtsposition (= Voraussetzung für ein Anwartschaftsrecht). 381

Exkurs: Verfügungen über das Anwartschaftsrecht

Verfügung über das AWR nach §§ 398, 1154 f. BGB

Über diese gesicherte Rechtsstellung eines Anwartschaftsberechtigten kann auch verfügt werden. Eine solche Übertragung vollzieht sich entsprechend nach den Regeln der Übertragung über das Vollrecht gem. §§ 398, 1154 f. BGB. 382

Exkurs Ende

Verfügung über EGS

383 Fraglich ist, ob der Grundstückseigentümer über die Eigentümergrundschuld als vorläufiges Recht verfügen kann. Dabei ist zwischen Brief- und Buchrecht zu unterscheiden. Für die Übertragung des Buchrechts bedarf es nach §§ 1154 I, III, 873 I BGB der Grundbucheintragung, die aber nach § 39 GBO nur vorgenommen werden kann, wenn der Verfügende auch im Grundbuch eingetragen ist. Dies ist hier aber nicht möglich, da bereits der zukünftige Hypothekar im Grundbuch eingetragen ist und nicht mehr der Eigentümer. Folglich kann der Grundstückseigentümer nicht über die Buchhypothek verfügen. Etwas anderes gilt aber für die Briefhypothek. Hier ist der Eigentümer materiell berechtigt und in der Lage, entweder dem Erwerber den Brief zu übergeben oder, wenn sich der Brief bereits in den Händen des zukünftigen Hypothekars befindet, die Übergabe durch die Abtretung seines Herausgabeanspruchs aus dem Sicherungsvertrag zu ersetzen, §§ 1154 I 1 HS.2, 1117 I 2, 931 BGB.

3. Nichtige Forderung

Nichtige Forderung

384 Fraglich ist, welche Konsequenzen sich aus der Nichtigkeit des Vertrages ergeben, aus dem die zu sichernde Forderung resultiert, wenn trotzdem die Darlehenssumme ausgezahlt worden ist.

Sichert Hypothek dann den Bereicherungsanspruch?

385 Grundsätzlich gilt, dass wegen der Akzessorietät eine Hypothek nicht ohne eine zu sichernde Forderung Bestand haben kann und deshalb auch kein Grundpfandrecht entsteht. Eine Hypothek ließe sich aber dann aufrechterhalten, wenn man die ursprünglich zu sichernde Forderung durch den nunmehr gegebenen bereicherungsrechtlichen Rückzahlungsanspruch aus § 812 I 1 Alt.1 BGB ersetzte. Ob auch diese Ersatzforderung von der Sicherungswirkung der Hypothek erfasst werden soll, ist umstritten:

E.A.: Fremdhypothek (+)

386 Eine Ansicht vertritt die Auffassung, dass eine Fremdhypothek bestehen soll, die nun den Bereicherungsanspruch sichert. Dafür spricht, dass der Inhalt des Anspruchs aus § 812 BGB einen vergleichbaren Inhalt wie der Rückzahlungsanspruch aus § 488 I 2 BGB hat.

H.M.: nur EGS

387 Die wohl h.M. dagegen bestreitet dies und kommt zu einer Eigentümergrundschuld. Begründet wird dies damit, dass anderenfalls eine Missachtung des sachenrechtlichen Bestimmtheitsgrundsatzes vorliege, da sich die verschiedenen Ansprüche aus § 812 BGB und aus § 488 I 2 BGB doch erheblich unterscheiden.

Für § 812 BGB gilt die Besonderheit der Bereicherungseinrede und bei § 488 I 2 BGB ist die Fälligkeit erst nach Beendigung der vereinbarten Darlehenslaufzeit gegeben.

Bei erkennbaren Parteiwillen nach beiden Ansichten: EGS

Eine Entscheidung des Meinungsstreits kann aber dann dahinstehen, wenn ein entsprechender Parteiwille nachweislich vorliegt. Das vereinbarte Grundpfandrecht sichert dann bei Wegfall des ursprünglich zu sichernden Anspruchs auch den kondiktionsrechtlichen Ersatzanspruch des Gläubigers. *388*

hemmer-Methode: Im Zusammenhang mit diesem Problem bietet sich die Lektüre von Fall 23 (Frage 2) in Hemmer/Wüst, Die 43 wichtigsten Fälle für Anfangssemester, Sachenrecht II an.

C. Forderungs- und grundpfandrechtsbezogene Einwendungen und Einreden

Gegen die Ansprüche des Gläubigers aus der zu sichernden Forderung oder aus der Hypothek können Einwendungen oder Einreden bestehen. *389*

Einwendungen

Mit einer Einwendung wird deutlich gemacht, dass der Schuldner das materiell-rechtliche Bestehen eines Anspruchs des Gläubigers bestreitet. Dabei ist zwischen rechtshindernden und rechtsvernichtenden Einwendungen zu unterscheiden. Bei ersteren gelangt der Anspruch erst gar nicht zur Entstehung (z.B.: §§ 105, 138, 1163 I, 1177 I BGB etc.). Bei letzteren geht der Anspruch erst nach Entstehung unter (z.B.: §§ 362 I, 275, 1163 I 2 BGB etc.). Einwendungen werden im Prozessverlauf von Amts wegen berücksichtigt. *390*

Einreden

Eine Einrede dagegen richtet sich nicht gegen das Bestehen der Forderung als solches, sondern es soll unter Bezugnahme auf Gegenrechte des Schuldners die Durchsetzung des Anspruchs verhindert werden. Dabei ist zwischen aufschiebenden (z.B.: §§ 273, 320 BGB etc.) und dauernden Einreden (z.B.: § 214 I BGB = Einrede der Verjährung) zu trennen. Beide werden im Prozess nur dann berücksichtigt, wenn Sie von dem Beklagten ausdrücklich geltend gemacht werden. *391*

Unterscheide: Einwendung/Einrede gegen Forderung/Hypothek

Im Hypothekenrecht müssen Sie zusätzlich zu der Unterscheidung Einwendung/Einrede prüfen, ob diese gegenüber der zu sichernden Forderung (= forderungsbezogen) oder der Hypothek (= grundpfandrechtsbezogen) geltend gemacht werden. 392

Gleichzeitig müssen Sie darauf achten, welche Person auf der Passivseite (persönlicher Schuldner oder Grundstückseigentümer) diese geltend macht. Es gilt der Grundsatz, dass nur derjenige Einwendungen oder Einreden gelten machen kann, der auch Beteiligter des betroffenen Rechtsverhältnisses ist.

I. Einwendungen/Einreden des persönlichen Schuldners

Nur forderungsbezogene Einwendungen/Einreden bzgl. Forderung

Der persönliche Schuldner kann selbstverständlich alle forderungsbezogenen Einwendungen und Einreden gegen die zu sichernde Forderung gelten machen. Einwendungen oder Einreden, die sich gegen das Grundpfandrecht richten, kann er gegen die Forderung nicht erheben. 393

> **Bsp.:** *Der Darlehensnehmer kann seinem Gläubiger nicht entgegenhalten, dass die Hypothek, die das Darlehen sichern soll, nicht wirksam bestellt wurde.*

Grund dafür ist, dass nicht die Forderung akzessorisch ist, sondern die Hypothek und deshalb § 1137 BGB nicht einschlägig ist. Es bleibt bei dem Grundsatz, dass der persönliche Schuldner nur i.R. seines Rechtsverhältnisses Einwendungen oder Einreden gegenüber dem Gläubiger geltend machen kann.

§§ 1160, 1161 BGB

Ist der Schuldner dagegen gleichzeitig auch Sicherungsgeber, kann er nach §§ 1161, 1160 I BGB auch die Bezahlung der Forderung bis zur Vorlage des Hypothekenbriefes verweigern. 394

§§ 404 ff. BGB gegen neuen Gläubiger

Zu beachten ist, dass der persönliche Schuldner nach §§ 404 ff. BGB seine forderungsbezogenen Einwendungen/Einreden auch einem neuen Gläubiger (= Zessionar) entgegenhalten kann, die dieser vom alten Gläubiger (= Zedent) mittels Abtretung nach § 398 BGB übertragen bekommen hat. 395

II. Einwendungen/Einreden des Grundstückseigentümers (= Sicherungsgeber)

Auch beim Grundstückseigentümer muss zwischen den forderungsbezogenen und pfandrechtsbezogenen Einwendungen/Einreden unterschieden werden: 396

1. Pfandrechtsbezogene Einwendungen/Einreden

Pfandrechtsbezogene Einwendungen/Einreden bzgl. Hypothek

Die pfandrechtsbezogenen Einwendungen und Einreden stehen dem Eigentümer gegen die Hypothek selbstverständlich zu, vgl. Grundsatz. 397

2. Forderungsbezogene Einwendungen/Einreden

Forderungsbezogene Einwendungen/Einreden bzgl. Hypothek, § 1137 BGB

Der Eigentümer kann aber auch forderungsbezogenen Einwendungen und Einreden gem. § 1137 BGB gegen die Hypothek geltend machen. Diese Norm entspricht den Vorschriften (§§ 768 I 1, 1211 I 1 BGB), die der Gesetzgeber auch für andere akzessorische Sicherheiten (Bürgschaft, Pfandrecht) geschaffen hat. 398

Einrede des § 770 BGB über § 1137 I 1 BGB anwendbar

Nach § 1137 I 1 BGB wird sogar die Einrede der Gestaltbarkeit gem. § 770 BGB für anwendbar erklärt. Dabei handelt sich um Fälle, in denen dem persönlichen Schuldner ein Gestaltungsrecht wie Aufrechnung oder Anfechtung zusteht, dass zur Vernichtung der Forderung führen würde, jedoch noch nicht ausgeübt worden ist. Grund: Der Sicherungsgeber soll nicht zur Duldung der Zwangsvollstreckung gezwungen werden können, wenn sich später nach Ausübung des Gestaltungsrechts herausstellt, dass der persönliche Schuldner gar nicht zur Zahlung verpflichtet gewesen wäre. 399

Einrede der Verjährung nach § 216 I BGB ausgeschlossen

Als Ausnahme von § 1137 BGB ist § 216 I BGB von Bedeutung, wonach der Eigentümer sich nicht auf die Verjährung der gesicherten Forderung im Hinblick auf die Hypothek berufen kann. 400

hemmer-Methode: Kommentieren Sie sich (soweit zulässig) § 216 I BGB an § 1137 I BGB. Zudem lesen Sie bitte Fall 31 (Frage 1) in Hemmer/Wüst, Die 43 wichtigsten Fälle für Anfangssemester, Sachenrecht II.

D. Die Übertragung der Hypothek

I. Die Übertragung der hypothekarisch gesicherten Forderung

Hypothek geht als Anhang der gesicherten Forderung mit über!

Zu beachten ist, dass bei allen akzessorischen Sicherheiten niemals das Sicherungsmittel selbst übertragen wird, sondern immer die Forderung, was den Übergang der Sicherheit automatisch zur Folge hat, vgl. §§ 401, 1153 I, 1250 I 1 BGB. 401

Dies gilt auch für die Hypothek. Daher ist für deren Übergang die Abtretung der Forderung nach § 398 BGB erforderlich.

Voraussetzungen für die Übertragung

Voraussetzungen der Übertragung der hypothekarisch gesicherten Forderung bei der Briefhypothek: 402

- ⇨ Abtretung der Forderung durch Abtretungsvertrag gem. § 398 BGB
- ⇨ Schriftliche Form der Abtretungserklärung nach § 1154 I 1 BGB oder Eintragung der Abtretung in das Grundbuch gem. § 1154 II BGB
- ⇨ Briefübergabe bzw. Übergabesurrogate (§§ 1154 I 1 HS.2 BGB i.V.m. § 1117 BGB)
- ⇨ Berechtigung und Verfügungsbefugnis des Abtretenden (= Zedent)

Rechtsfolge: Übergang der gesicherten Forderung auf den Zessionar, § 398 S.2 BGB; Übergang der Hypothek kraft Gesetzes, §§ 401, 1153 I BGB

Voraussetzungen der Übertragung der hypothekarisch gesicherten Forderung bei der Buchhypothek: 402a

- ⇨ Abtretung der Forderung durch Abtretungsvertrag gem. § 398 BGB
- ⇨ Eintragung der Abtretung ins Grundbuch nach §§ 1154 III, 873 I BGB
- ⇨ Berechtigung und Verfügungsbefugnis des Abtretenden (= Zedent)

Rechtsfolge: Übergang der gesicherten Forderung auf den Zessionar, § 398 S.2 BGB; Übergang der Hypothek kraft Gesetzes, §§ 401, 1153 I BGB

§ 1154 BGB

Da mit der Forderung auch die Hypothek übergeht, bedarf die Abtretung der Form des § 1154 BGB, der den sachenrechtlichen Publizitätsgrundsatz verwirklicht. Dies bedeutet, dass die Forderung nach sachenrechtlichen Grundsätzen übertragen wird. Man sagt: „Die Dienerin (= Hypothek) zwingt ihrer Herrin (= Forderung) ihre Form auf." 403

Briefhypothek (§ 1154 I, II BGB)

§ 1154 BGB unterscheidet bzgl. der Formanforderungen an den Abtretungsvertrag zwischen Buch- und Briefhypothek. 404

Buchhypothek (§ 1154 III BGB)

Die Abtretung bei der Buchhypothek richtet sich gem. § 1154 III BGB nach den §§ 873, 878 BGB, so dass der Abtretungsvertrag (= dingliche Einigung) im Grundbuch eingetragen werden muss.

Ein Beispiel für die Übertragung findet sich in Hemmer/Wüst, Die 43 wichtigsten Fälle für Anfangssemester, Sachenrecht II, Fall 26 (Frage 1 und 2).

Die Briefhypothek fordert dagegen nach § 1154 I 1 BGB eine schriftliche Abtretungserklärung oder nach § 1154 II BGB die Eintragung in das Grundbuch sowie die Übergabe des Hypothekenbriefs.

hemmer-Methode: Zu beachten ist, dass nach § 1154 I BGB nur die Erklärung des Abtretenden (= Zedenten) schriftlich zu erfolgen hat (Wortlaut des § 1154 I 1 BGB: „Abtretungserklärung"), die Annahme kann der Zessionar (= Neugläubiger) mündlich erklären.

II. Schutz des Erwerbers nach der Abtretung

Schutz des Schuldners bei der Abtretung nach § 407 BGB

Das Gesetz schützt den Schuldner für den Fall der Abtretung der Forderung dadurch, dass er mit befreiender Wirkung an den Zedenten leisten kann, wenn er von der Abtretung der Forderung keine Kenntnis hat, § 407 I BGB. 405

Dieser Schutz würde aufgrund der Akzessorietät auch auf die Hypothek wirken und so dem Eigentümer zugutekommen.

Bzgl. Hypothek sind §§ 406 ff. BGB nicht anwendbar

Dann hätte der Erwerber einer hypothekarisch gesicherten Forderung weder Rechte aus der Forderung noch aus der Hypothek. Dies widerspricht aber der vom Gesetzgeber gewünschten Umlauffähigkeit der Hypothek, so dass § 1156 BGB bestimmt, dass die §§ 406 – 408 BGB keine Anwendung hinsichtlich der Hypothek finden. Dies gilt aber wegen § 1185 II BGB nicht für die Sicherungshypothek. 406

hemmer-Methode: Lesen Sie dazu Fall 31 (Frage 3) in Hemmer/Wüst, Die 43 wichtigsten Fälle für Anfangssemester, Sachenrecht II und den Beispielsfall in Hemmer/Wüst, Sachenrecht III, Rn. 189.

E. Der gutgläubige Zweiterwerb der Hypothek

Unterscheide, ob Mangel bei Forderung oder Hypothek

Der Erwerb der Hypothek von einem vermeintlichen Hypothekeninhaber (sog. gutgläubiger Zweiterwerb) ist ein ganz zentrales Problem des Hypothekenrechts. Dabei ist danach zu unterscheiden, ob der Mangel in der Hypothek oder in der Forderung liegt. *407*

I. Mangel in der Hypothek

Veräußerer ist Forderungsinhaber, aber Hypothek ist nicht wirksam entstanden

Hier ist der Abtretende Inhaber der Forderung, jedoch ist die Hypothekenbestellung aus irgendeinem Grund unwirksam (z.B.: dingliche Einigung bei der Bestellung unwirksam). Dann erwirbt der Zessionar die Forderung vom Berechtigten, wenn die Abtretung gem. § 398 BGB in der Form des § 1154 BGB erfolgt. Die Hypothek als dingliches Recht kann er nach § 892 I BGB vom Nichtberechtigten erwerben, wenn er gutgläubig ist und dieser durch das Grundbuch oder den Hypothekenbrief (§ 1155 BGB) legitimiert ist. *408*

Die Vorschrift des § 892 BGB ist hier direkt anwendbar, da die Übertragung der hypothekarisch gesicherten Forderung nach sachenrechtlichen Grundsätzen erfolgt. Auf § 1138 BGB kommt es gar nicht an, denn dieser stellt auf einen Mangel der Forderung ab („in Ansehung der Forderung").

hemmer-Methode: Beachten Sie den Unterschied zum Pfandrecht an beweglichen Sachen: Aufgrund der formlos möglichen Abtretung der Forderung nach § 398 BGB ist ein gutgläubiger Zweiterwerb eines nicht wirksam entstandenen Pfandrechts nicht möglich. Es fehlt die sachenrechtliche Publizität, die bei der Hypothek mittels § 1154 BGB hergestellt wird.

Gutgläubiger einredefreier Erwerb der Hypothek über §§ 1157 S.2, 892 I BGB

Weiterhin ist zu beachten, dass der Sicherungsgeber im Grundsatz dem neuen Hypothekeninhaber **bzgl. der Hypothek** seine **pfandrechtsbezogenen Einwendungen und Einreden** gem. § 1157 S.1 BGB entgegenhalten kann (z.B. Stundung der Hypothek bis zu einem bestimmten Zeitpunkt). *409*

Jedoch besteht dieses Recht nicht, wenn der Neugläubiger (= Zessionar) bzgl. des Nichtbestehens der Einwendung/Einrede gutgläubig ist und diese nicht im Grundbuch eingetragen worden ist gem. § 1157 S.2 BGB i.V.m. § 892 I BGB (sog. gutgläubiger einredefreier Erwerb der Hypothek).

Wegen der Akzessorietät kann der Eigentümer auch die **dem persönlichen Schuldner zustehenden Einreden** geltend machen, **§ 1137 BGB**. Wird die Forderung abgetreten (was gem. § 1153 I BGB zum Übergang der Hypothek führt), behält der Schuldner diese Einreden gegenüber dem neuen Gläubiger, § 404 BGB. Dementsprechend behält auch der Eigentümer gem. §§ 404, 1137 BGB diese Einreden, um sich gegen die Inanspruchnahme zur Wehr zu setzen. Wiederum gilt aber: auch die schuldnerbezogenen Einreden können gutgläubig weg erworben werden, vgl. § 1138 Alt.2 BGB, so dass der Eigentümer diese Einreden verlieren kann.

hemmer-Methode: Sie müssen also immer zwischen der dinglichen und schuldrechtlichen Rechtslage unterscheiden. Hinsichtlich von Forderungen gibt es keinen gutgläubigen Erwerb. Daher kann man weder eine Forderung gutgläubig erwerben, noch kann man eine bestehende Einrede gegen eine Forderung gutgläubig weg erwerben, § 404 BGB. Bei der Hypothek gibt es gutgläubigen Erwerb, also auch gutgläubigen einredefreien Erwerb, wobei die schuldrechtlichen Einreden gem. § 1138 Alt.2, die dinglichen gem. § 1157 S.2 BGB gutgläubig weg erworben werden können.

Zusammenfassung der Einredeproblematik: 410

- ⇨ Forderungsbezogene Einreden kann der persönliche Schuldner hinsichtlich der Forderung wegen §§ 404 ff. BGB auch gegenüber Zessionar geltend gemacht werden.
- ⇨ Forderungsbezogene Einreden kann der Grundstücksinhaber der Hypothek nach § 1137 BGB entgegenhalten (Ausnahme: § 216 I BGB = Einrede der Verjährung, bei § 1137 an den Rand schreiben); nach § 1138 Alt.2 BGB können diese bei Übertragung der Forderung untergehen, wenn der Erwerber gutgläubig ist; im Übrigen gelten nach § 1156 S.1 BGB die Schuldnerschutzvorschriften der §§ 406 – 408 BGB nicht bzgl. der Hypothek bei Übertragung der hypothekarisch gesicherten Forderung.

⇨ Pfandrechtsbezogene Einreden kann der Grundstücksinhaber der Inanspruchnahme aus der Hypothek entgegenhalten; bei Übertragung der hypothekarisch gesicherten Forderung stehen diese Einreden dem Grundstücksinhaber auch gegenüber dem Neugläubiger gem. § 1157 S.1 BGB zu. Nach §§ 1157 S.2, 892 I BGB können diese aber gutgläubig wegerworben werden.

⇨ Pfandrechtsbezogene Einreden kann der persönliche Schuldner der Forderung nicht entgegenhalten (Grund: Nicht die Forderung, sondern die Hypothek ist akzessorisch); Ausnahme: §§ 1161 BGB i.V.m. § 1160 BGB (= Schutz des persönlichen Schuldners, der wissen soll, ob sein Gläubiger noch Inhaber der Forderung und Hypothek ist).

Merke: Zur klausurrelevanten Vertiefung und besserem Verständnis sei nochmals auf Fall 31 in Hemmer/Wüst, Die 43 wichtigsten Fälle für Anfangssemester, Sachenrecht II verwiesen.

II. Mangel der Forderung

Entstehungsvoraussetzungen der Hypothek bis auf Forderung gegeben

In dieser Fallkonstellation sind **alle** Entstehungsvoraussetzungen bis auf das Bestehen einer wirksamen Forderung gegeben. Daher liegt eine Eigentümergrundschuld gem. §§ 1163 I 1, 1177 I 1 BGB vor. 411

Problem: Ein gutgläubiger Forderungserwerb ist nicht möglich

Wird nun diese hypothekarisch gesicherte Forderung trotz Nichtbestehens abgetreten, so muss die Übertragung eigentlich scheitern, da ein gutgläubiger Forderungserwerb nicht möglich ist. Außer in den Fällen der §§ 405, 2366 BGB kennt das BGB keinen gutgläubigen Forderungserwerb. Folge davon wäre, dass die Hypothek nicht auf den Zessionar übergehen würde. 412

§ 1138 BGB fingiert aber nur für die Übertragung das Bestehen einer Forderung, so dass Hypothek erworben werden kann (nicht Forderung!)

Um den gutgläubigen Grundpfandrechtserwerb zu ermöglichen, fingiert § 1138 BGB das Bestehen einer Forderung, wenn der Übergang der Hypothek nur daran scheitern würde. Dies bedeutet aber nicht, dass auch die Forderung gutgläubig erworben wird (Achtung, typischer Grundlagenfehler!), sondern es wird nur für den Übertragungsakt so getan, als ob die Forderung bestehen würde. Es bleibt bei den §§ 398 ff. BGB, dass ein gutgläubiger Forderungserwerb nicht möglich ist. 413

hemmer-Methode: Bildlich gesprochen baut § 1138 BGB ausschließlich für den Hypothekenerwerb eine Brücke, die nach Abschluss des gutgläubigen Erwerbs durch die Erlangung der Hypothekarstellung des Dritten wieder in sich zusammenfällt.

§ 1138 BGB löst den Konflikt, der durch die Kollision dreier Grundsätze entstanden ist: 414

§ 1138 BGB als Lösung des Spannungsverhältnisses zwischen Grundsätzen des BGB

- ⇨ Der Grundsatz, dass ein gutgläubiger Erwerb einer Forderung gem. §§ 398 ff. BGB nicht möglich ist.
- ⇨ Der Grundsatz, dass ein im Grundbuch eingetragenes Recht gutgläubig erworben werden kann, § 892 BGB.
- ⇨ Der Grundsatz der Akzessorietät von Forderung und Hypothek bei Übertragung dieser Rechte, § 1153 II BGB.

Folge des § 1138 BGB: forderungsentkleidete Hypothek

Konsequenz daraus ist, dass die Hypothek nach §§ 1138, 892 BGB gutgläubig erworben werden kann, wobei die Voraussetzungen des § 892 BGB bzgl. der Forderung erfüllt sein müssen. Weitere Folge ist, dass die persönliche Forderung und die Hypothek verschiedene Wege gehen können. Der Erwerber könnte nur aus der Hypothek vorgehen, da er eine Forderung nicht erworben hat, so dass man von einer sog. forderungsentkleideten Hypothek spricht. Der Grundsatz der Akzessorietät wird also zu Gunsten der anderen beiden Grundsätze geopfert. 415

Zu beachten ist, dass § 1138 BGB gem. § 1185 II BGB nicht auf die Sicherungshypothek anwendbar ist. Zudem kann der Eigentümer über §§ 1138, 892 BGB forderungsbezogene Einwendungen und Einreden verlieren, die normalerweise nach § 1137 BGB auch der Inanspruchnahme aus der Hypothek entgegenhalten könnte.

hemmer-Methode: Eine klausurorientierte Darstellung dieses Problems finden Sie in Hemmer/Wüst, Sachenrecht III, Rn. 194 oder in Hemmer/Wüst, Die 43 wichtigsten Fälle für Anfangssemester, Sachenrecht II, Fall 31 (insbesondere Frage 3).

III. Mangel sowohl in der Forderung als auch in der Hypothek

„Doppelmangel“

Eine weitere Fallgruppe ist der sog. Doppelmangel, bei dem sowohl die Forderung nicht besteht, als auch daneben die Hypothek an einem selbständigen Mangel leidet. 416

Bsp.: *S und G haben einen wirksamen Darlehensvertrag abgeschlossen, jedoch ist die Darlehenssumme noch nicht ausgezahlt worden. Zur Sicherheit hat S dem G eine Hypothek bestellt, bei der er aber unerkannt geisteskrank war. G tritt die Forderung formgerecht auf den gutgläubigen D ab. Hat dieser die Hypothek und die Forderung erworben?* 417

Gutgläubiger Erwerb nach § 892 und §§ 1138, 892 BGB

Fraglich ist, ob bei diesem Doppelmangel ein gutgläubiger Dritter Erwerber der Forderung oder der Hypothek werden kann. Einen gutgläubigen Forderungserwerb gibt es nicht, daran ändert auch § 1138 BGB nichts, der sich nur auf die Hypothek bezieht. 418

Bezogen auf die Hypothek ist ein gutgläubiger Erwerb dagegen möglich, wobei § 892 BGB zweimal zur Anwendung kommt: einmal direkt zur Überwindung des dinglichen Mangels in der Hypothek und einmal über § 1138 BGB zur Überwindung des Mangels in der Forderung, damit der gutgläubige Erwerb nicht aus Akzessorietätsgründen scheitert.

hemmer-Methode: Alleine die Anwendung von § 1138, 892 I BGB würde dem Erwerber nicht helfen, da die Übertragung der Hypothek dann immer noch an der Unwirksamen Einigung i.S.d. 1113 BGB scheitert. Auch § 892 I BGB alleine hilft nicht, da dann zwar der Mangel hinsichtlich der Einigung, nicht aber der hinsichtlich der Forderung überwunden werden kann. Nur die Kombination aus §§ 1138, 892 I BGB und § 892 I BGB ermöglicht bei einem Doppelmangen den gutgläubigen Zweiterwerb!

Forderungs- und pfandrechtsbezogene Einwendungen/Einreden

Beachten Sie, dass neben dem gutgläubigen Hypothekenerwerb auch die forderungs- (über §§ 1138, 892 BGB) und pfandrechtsbezogenen Einwendungen/Einreden (über §§ 1157 S.2, 892 BGB) gutgläubig wegerworben werden können. 419

hemmer-Methode: Lesen Sie dazu unbedingt Fall 27 in Hemmer/Wüst, Die 43 wichtigsten Fälle für Anfangssemester, Sachenrecht II.

IV. Besonderheiten bei der Briefhypothek

§ 1154 I BGB: Übertragung der Hypothek außerhalb des Grundbuchs möglich

Nach § 1154 I 1 BGB findet die Übertragung der Forderung im Falle der Briefhypothek durch eine schriftliche Abtretungserklärung des Gläubigers und eine Briefübergabe statt. 420

Folglich vollzieht sich, wenn nicht ein Fall des § 1154 II BGB vorliegt, die Übertragung von Forderung und Hypothek außerhalb des Grundbuchs. Dies bedeutet für einen gutgläubigen Zweiterwerb, dass § 892 BGB nicht direkt anwendbar ist, weil der Verfügende i.d.R. nicht im Grundbuch als Berechtigter legitimiert ist.

§§ 1155, 892 BGB ermöglichen gutgläubigen Erwerb außerhalb des Grundbuchs

Folge davon ist aber nicht, dass ein gutgläubiger Zweiterwerb ausscheidet. Vielmehr wird nach § 1155 S.1 BGB bestimmt, dass es hinsichtlich des guten Glaubens nicht auf den Inhalt des Grundbuchs ankommt. Stattdessen genügt es, wenn der Erwerber den Besitz des Hypothekenbriefes erhält und der Veräußerer eine kontinuierliche Kette öffentlich beglaubigter Abtretungserklärungen bis hin zu dem im Grundbuch Eingetragenen vorweisen kann (§§ 1155, 892 BGB). 421

Durch die ununterbrochene Reihe öffentlich beglaubigter Abtretungserklärungen wird der Veräußerer also so gestellt, als wäre er selbst im Grundbuch eingetragen.

hemmer-Methode: Lesen Sie dazu Fall 28 (Frage 1) in Hemmer/Wüst, Die 43 wichtigsten Fälle für Anfangssemester, Sachenrecht II und Hemmer/Wüst, Sachenrecht III, Rn. 197.

Sonderproblem: gefälschte Abtretungserklärung

Bei § 1155 BGB stellt sich die Frage, ob dieser auch bei einer gefälschten Abtretungserklärung anwendbar ist. Das Reichsgericht bejahte die Anwendbarkeit, da auch ein Rechtsschein durch die Fälschung einer öffentlich beglaubigten Abtretungserklärung erzeugt würde. Die ganz h.M. dagegen lehnt die Anwendung des § 1155 BGB für diesen Fall ab. 422

Eine Fälschung ist kein vollwirksamer Rechtsschein, der den Veräußerer als Rechtsinhaber legitimieren könnte. § 1155 BGB vermittelt gerade keinen guten Glauben in die Echtheit einer öffentlich beglaubigten Abtretungserklärung. Als Merksatz gilt: Der gute Glaube an das Vorhandensein eines Rechtsscheinträgers reicht nicht aus, nötig ist stets der durch den wirklich vorhandenen Rechtsscheinsträger gestützte gute Glaube an das Recht.

hemmer-Methode: Ein Fallbeispiel dazu findet sich in Hemmer/Wüst, Sachenrecht III, Rn. 198 oder in Hemmer/Wüst, Die 43 wichtigsten Fälle für Anfangssemester, Sachenrecht II, Fall 28 (Frage 2).

V. Sonderproblem: Verbot der ungerechtfertigten Doppelbelastung – ausnahmsweise doch gutgläubiger Erwerb einer Forderung?

Ausnahmsweise auch gutgläubiger Forderungserwerb?

Aufgrund des oben bereits erörterten forderungsentkleideten Hypothekenerwerbs nach § 1138 BGB stellt sich das Problem, ob nicht die Forderung ausnahmsweise auch gutgläubig erworben werden kann. Grund für diese Diskussion ist, dass die Gefahr für den Schuldner besteht, dass er doppelt aus Hypothek und aus Forderung in Anspruch genommen wird, wenn die vermeintlich abgetretene Forderung nicht dem Erwerber der Hypothek, sondern einem Dritten zusteht. 423

Mitreißtheorie: ausnahmsweise gutgläubiger Forderungserwerb (+)

Eine Ansicht (sog. Einheits- oder Mitreißtheorie) bejaht in diesem Fall einen gutgläubigen Forderungserwerb aufgrund der Gefahr der doppelten Inanspruchnahme und stellt damit den Akzessorietätsgrundsatz über den Grundsatz, dass es keinen gutgläubigen Forderungserwerb gibt. 424

H.M.: kein gutgläubiger Forderungserwerb, ausreichender Schutz über §§ 1160, 1161 BGB

Die h.M. (sog. Trennungstheorie) dagegen verneint einen gutgläubigen Forderungserwerb auch für diesen Fall. Begründet wird dies damit, dass die Schutzbedürftigkeit des Schuldners tatsächlich gar nicht bestehe, da er über die gesetzlichen Vorschriften der §§ 1160, 1161 BGB (Zahlung nur gegen Rückgabe des Hypothekenbriefes) hinreichend geschützt sei. 425

hemmer-Methode: Ein klausurrelevantes Fallbeispiel findet sich zu diesem Problemkreis in Hemmer/Wüst, Sachenrecht III, Rn. 199 oder in Hemmer/Wüst, Die 43 wichtigsten Fälle für Anfangssemester, Sachenrecht II, Fall 29.

F. Zahlung und Regress (= Rückgriff)

Der Fortbestand der Hypothek steht immer im direkten Zusammenhang mit der Existenz einer Forderung (Akzessorietätsgrundsatz). Daher muss sich auch die Erfüllung der Forderung auf die Hypothek auswirken. Dabei hängen die Rechtsfolgen der Tilgung davon ab, wer worauf zahlt und ob Eigentümer und Schuldner personenidentisch sind oder nicht. 426

I. Zahlung des persönlichen Schuldners

Zahlung des persönlichen Schuldners: Forderung erlischt gem. § 362 I BGB; Hypothek wandelt sich in EGS gem. §§ 1163 I 2, 1177 I 1 BGB (Ausnahme: § 1164 BGB)

Sofern der persönliche Schuldner auf die Forderung zahlt, erlischt diese wegen Erfüllung nach § 362 I BGB und die Hypothek verwandelt sich grundsätzlich nach §§ 1163 I 2, 1177 I BGB in eine Eigentümergrundschuld. Dies gilt unabhängig davon, ob Schuldner und Eigentümer identisch sind oder nicht. Eine Ausnahme zu § 1163 I 2 BGB stellt § 1164 BGB (kommentieren) dar, der den Übergang der Hypothek auf den Schuldner normiert, wenn dieser den Gläubiger befriedigt hat und im Innenverhältnis zum Eigentümer einen Rückgriffsanspruch hat. Diesen Anspruch sichert dann die Hypothek. 427

hemmer-Methode: Siehe dazu auch Fall 30 (Frage 4) in Hemmer/Wüst, Die 43 wichtigsten Fälle für Anfangssemester, Sachenrecht II oder Hemmer/Wüst, Sachenrecht III, Rn. 203.

II. Zahlung des Eigentümers

Eigentümer ist ablösungsberechtigt gem. § 1142 I BGB; Rechtsfolge der Befriedigung: cessio legis (§ 1143) und Eigentümerhypothek nach § 1177 II BGB

Nach § 1142 I BGB ist der Eigentümer berechtigt, den Gläubiger zu befriedigen. Folge der Befriedigung ist der Übergang der gesicherten Forderung vom Gläubiger auf den Eigentümer kraft Gesetzes (= Legalzession oder cessio legis) gem. § 1143 I BGB. Aufgrund der Akzessorietät der Hypothek geht auch diese mit über nach § 1153 I BGB bzw. §§ 412, 401 BGB und wird zur **Eigentümerhypothek** gem. § 1177 II BGB (nicht Eigentümergrundschuld, da dem Eigentümer auch die Forderung zusteht!). 428

Ausnahme zu § 1143 BGB: Eigentümer ist im Innenverhältnis Zahlungsverpflichteter

Etwas anderes gilt aber, wenn der Eigentümer gegen den Schuldner keinen Regressanspruch hat und selbst im Innenverhältnis Zahlungsverpflichteter war. Dann steht dem Schuldner gegen die Inanspruchnahme entweder eine rechtsvernichtende Einwendung zu oder aber man wendet § 1143 BGB für diesen Fall erst gar nicht an (restriktive Auslegung), so dass schon gar keine Legalzession vorliegt. Zur Vertiefung siehe Hemmer/Wüst, Sachenrecht III, Rn. 205. 429

hemmer-Methode: Als Lektüre zu § 1143 BGB empfiehlt sich Fall 30 (Frage 1) in Hemmer/Wüst, Die 43 wichtigsten Fälle für Anfangssemester, Sachenrecht II.

III. Zahlung eines Ablösungsberechtigten

Ablösungsberechtigter Dritter gem. §§ 1150, 268 BGB → cessio legis (§ 268 III 1 BGB)

Neben dem Schuldner und dem Eigentümer können auch Dritte ablösungsberechtigt sein. Ein solches Recht ergibt sich aus §§ 1150, 268 I BGB. Diese dienen dem Schutz von Dritten, die im Falle der Zwangsvollstreckung Gefahr laufen, dass ihnen ein Rechtsverlust entsteht. Rechtsfolge der Befriedigung ist nach §§ 1150, 268 III 1 BGB der Übergang der gesicherten Forderung kraft Gesetzes (cessio legis) auf den Dritten. Gleiches gilt aufgrund der Akzessorietät auch für die Hypothek nach § 1153 I BGB bzw. §§ 412, 401 BGB. 430

hemmer-Methode: Dazu finden Sie ein Fallbeispiel in Hemmer/Wüst, Die 43 wichtigsten Fälle für Anfangssemester, Sachenrecht II, Fall 30 (Frage 2).

Dritter nicht ablösungsberechtigt → cessio legis nur, wenn Ausgleichspflicht des persönlichen Schuldners

Ist der Dritte dagegen nicht ablösungsberechtigt, so geht die Forderung nur dann über und erlischt nicht nach § 362 I BGB, wenn seitens des persönlichen Schuldners eine Ausgleichspflicht gegenüber dem Dritten besteht (z.B. §§ 426 II 1, 774 S.1 BGB). 431

hemmer-Methode: Lesen Sie dazu Fall 30 (Frage 3) in Hemmer/Wüst, Die 43 wichtigsten Fälle für Anfangssemester, Sachenrecht II.

G. Der Untergang der Hypothek

Zahlung auf Forderung bewirkt i.d.R. nicht Untergang der Hypothek

Die Zahlung auf die Forderung führt regelmäßig nicht zum Untergang der Hypothek, sondern zum Rechtsverlust beim Gläubiger (siehe §§ 1163 I 2, 1177 I 1 BGB = EGS oder §§ 1164 I 1, 1143 I 1, 1150, 268 III BGB = cessio legis). 432

Erlöschen durch Befriedigung aus Grundstück (§ 1181 I BGB) und durch Aufhebung (§§ 875, 1183 BGB)

Die Hypothek erlischt aber nach § 1181 I BGB, wenn der Gläubiger aus dem Grundstück befriedigt wird (z.B. Erlös aus Zwangsvollstreckung) oder wenn sie nach § 875 BGB mit Zustimmung des Eigentümers nach § 1183 BGB aufgehoben wird.

Verzicht nach § 1168 BGB hat nur EGS zur Folge

Der Verzicht nach § 1168 BGB führt dagegen nur dazu, dass sich die Fremdhypothek in eine Eigentümergrundschuld verwandelt.

H. Der sachliche Umfang der Hypothekenhaftung

§§ 1120 ff. BGB: Haftungsverband der Hypothek

§ 1147 BGB gibt einen Anspruch auf Duldung der Zwangsvollstreckung, der sich nicht nur auf das nackte Grundstück richtet, sondern auf alles, was sich gem. §§ 1120 ff. BGB im Haftungsverband der Hypothek befindet. 433

I. Der Haftungsverband der Hypothek

§ 1120 BGB: Erzeugnisse, Bestandteile, Zubehör; § 1123 BGB: Miet- und Pachtforderungen

Zum Haftungsverband der Hypothek zählen nicht nur der Grund und Boden mit all seinen wesentlichen Bestandteilen, §§ 93 – 96 BGB, sondern nach den §§ 1120 ff. BGB auch: 434

- ⇨ Vom Grundstück getrennte Erzeugnisse und Bestandteile, soweit nicht die §§ 954 – 957 BGB greifen (§ 1120 BGB)
- ⇨ Zubehör (§ 97 BGB), das im Eigentum des Grundstückseigentümers steht (§ 1120 BGB)
- ⇨ Miet- und Pachtforderungen nach § 1123 I BGB

Durch diesen Haftungsverband soll die wirtschaftliche Einheit des Grundstücks gewahrt werden – das Grundstück und seine Bestand- und Zubehörteile sind zusammen regelmäßig mehr wert, als die Summe ihrer Einzelwerte!

hemmer-Methode: Auch ein Anwartschaftsrecht (z.B. Eigentumsvorbehalt) an Zubehörstücken fällt nach ganz h.M. in den Haftungsverband der Hypothek. Mit Bedingungseintritt erstreckt sich die Haftung auf die Sache selbst gem. § 1287 BGB analog. Siehe dazu Hemmer/Wüst, Sachenrecht III, Rn. 209.

II. Enthaftungstatbestände

§§ 1121, 1122 BGB als Enthaftungstatbestände

Nach §§ 1121, 1122 BGB besteht die Möglichkeit, dass Gegenstände, die ursprünglich dem Haftungsverband angehört haben, wieder frei werden und von Dritten lastenfrei erworben werden können. Ob im Einzelnen eine Enthaftung vorliegt, richtet sich nach der zeitlichen Reihenfolge, d.h. wie die Veräußerung, die Entfernung und die Beschlagnahme der Sache stattgefunden haben. 435

Beschlagnahme am Ende

Hat die Beschlagnahme als letztes stattgefunden, so ist die Sache gem. § 1121 I BGB enthaftet. Auf den guten Glauben des Erwerbers kommt es nicht an. Siehe dazu Fall 32 (Frage 1) in Hemmer/Wüst, Die 43 wichtigsten Fälle für Anfangssemester, Sachenrecht II. 436

Veräußerung am Ende

Stellt die Veräußerung den letzten Akt dar, so finden die §§ 135, 136 BGB Anwendung. Die Beschlagnahme führt nach § 23 ZVG zu einem relativen Veräußerungsverbot i.S.d. §§ 135, 136 BGB, das durch die Gutgläubigkeit des Erwerbers gem. § 135 II BGB i.V.m. § 936 BGB überwunden werden kann. Lesen Sie dazu Hemmer/Wüst, Die 43 wichtigsten Fälle für Anfangssemester, Sachenrecht II, Fall 32 (Frage 3). 437

Entfernung am Ende

Steht die Entfernung am Ende, so kommt § 1121 II 1 und 2 BGB zur Anwendung (vgl. Wortlaut). Danach ist ein gutgläubig lastenfreier Erwerb nur möglich, wenn nach § 1121 II 2 BGB der Erwerber auch zum Zeitpunkt der Entfernung noch in gutem Glauben bzgl. des Nichtbestehens der Beschlagnahme ist. 438

Gem. § 1121 II 1 BGB ist aber ein guter Glaube hinsichtlich des Bestehens der Hypothek unbeachtlich. § 936 BGB findet insoweit keine Anwendung, da § 1121 II 2 BGB lex specialis dazu ist. Siehe dazu Fall 32 (Frage 4) in Hemmer/Wüst, Die 43 wichtigsten Fälle für Anfangssemester, Sachenrecht II.

§ 1122 BGB: Enthaftung ohne Veräußerung

Nach § 1122 BGB kann eine Enthaftung auch ohne Veräußerung eintreten, wobei es insbesondere darauf ankommt, dass die Grenzen einer ordnungsgemäßen Wirtschaft eingehalten sind. 439

hemmer-Methode: Der Haftungsverband der Hypothek wird regelmäßig in Klausuren des Zwangsvollstreckungsrechts relevant. Zu den damit verbundenen Problemen lesen Sie Fall 32 (Frage 6) in Hemmer/Wüst, Die 43 wichtigsten Fälle für Anfangssemester, Sachenrecht II.

I. Löschungsanspruch aus § 1179a BGB

Löschungsanspruch in § 1179a BGB zur Sicherung des Aufrückinteresses; nach § 1179a I 3 BGB Wirkung wie Vormerkung

Nach § 1179a I BGB besteht ein Anspruch von Gläubigern mit einer gleich- oder nachrangigen Hypothek gegen den Grundstückseigentümer auf Aufhebung eines dem Eigentümer zustehenden gleich- oder vorrangigen Grundpfandrechts. 440

Zwar bezieht sich der reine Wortlaut des § 1179a I 1 BGB nur auf vorrangige Hypotheken, jedoch besteht aufgrund des Normzwecks (= Schutz des Aufrückinteresses der nachrangigen Grundpfandrechtsgläubiger) nach ganz h.M. ein Bedürfnis, diese Regelung auf sämtliche Grundpfandrechte anzuwenden. Gesichert wird dieser Anspruch kraft Gesetzes (vgl. § 1179a I 3 BGB) wie eine Vormerkung.

Anspruch (-) bei vorläufiger EGS (§ 1179a II BGB) und bei § 1196 III BGB

Unter Berücksichtigung der ratio der Norm kann § 1179a I BGB nur auf die Fälle Anwendung finden, in denen die Vereinigung von Forderung und Grundpfandrecht endgültiger und gerade nicht nur vorläufiger Natur ist. 441

Eine nur vorläufige Vereinigung und damit ein Ausscheiden des Anwendungsbereichs des § 1179a I 1 BGB ist anzunehmen in folgenden Fällen:

⇨ Zusammenfallen von Forderung und Eigentümergrundschuld bei Nichtvalutierung eines Darlehens, § 1163 I BGB, wobei noch nicht feststeht, ob das Darlehen ausgezahlt wird, vgl. § 1179a II 1 i.V.m. § 1163 I 1 BGB. Gleiches gilt für die vorläufige Eigentümergrundschuld vor Briefübergabe nach § 1179a II 2 i.V.m. § 1163 II BGB.

⇨ Eintragung einer Eigentümergrundschuld bei Unsicherheit, ob diese noch evtl. zur Kreditsicherung eingesetzt wird oder gelöscht werden soll, § 1196 I, III BGB.

hemmer-Methode: Um ein „Gespür" dafür zu bekommen, wann die Tatbestandsvoraussetzungen des § 1179a I 1 BGB vorliegen, sollten Sie Fall 43 in Hemmer/Wüst, Die 43 wichtigsten Fälle für Anfangssemester, Sachenrecht II und Hemmer/Wüst, Sachenrecht III, Rn. 213 lesen.

§ 12 Die Grundschuld

A. Einführung

Definition in § 1191 I BGB; keine Akzessorietät

Das Grundpfandrecht Grundschuld ist in §§ 1191 – 1198 BGB normiert. Der Begriff Grundschuld wird in § 1191 I BGB legaldefiniert. Dabei fällt schon aufgrund des Wortlauts der Unterschied zur Hypothek auf, denn die Worte „zur Befriedigung wegen einer ihm zustehenden Forderung" fehlen. Dies bedeutet, dass die Grundschuld nicht das Bestehen einer Forderung voraussetzt und daher im Gegensatz zur Hypothek ein **nichtakzessorisches Grundpfandrecht** ist. 442

§ 1192 I BGB: Hypothekenrecht anwendbar, soweit Akzessorietät nicht vorausgesetzt wird

Nach § 1192 I BGB sind die Vorschriften über die Hypothek entsprechend anwendbar, soweit sie das Bestehen einer Forderung nicht zwingend voraussetzen. Dies zeigt, dass der Gesetzgeber die Hypothek als den Regelfall und die Grundschuld als Ausnahme konzipierte. In der Praxis hat sich dieses Verhältnis aber gerade umgekehrt. Grund dafür ist, dass die Grundschuld mangels Akzessorietät verkehrsfähiger ist und daher auch als Sicherheit für unterschiedliche Forderungen verwendet werden kann. 443

Bei Grundschuld bestehen drei unterschiedliche Rechtsgeschäfte

Bei der Grundschuld muss man immer drei Rechtsgeschäfte unterscheiden: 444

- ⇨ Schuldrechtlicher Kreditvertrag (i.d.R. Darlehensvertrag) zwischen Gläubiger (= Kreditgeber) und persönlichem Schuldner (= Kreditnehmer)
- ⇨ Dingliche Grundschuldbestellung zwischen Gläubiger (= Sicherungsnehmer) und Grundstückseigentümer (= Sicherungsgeber)
- ⇨ Schuldrechtlicher Sicherungsvertrag (= atypischer Schuldvertrag i.S.d. §§ 311, 241 BGB) zwischen Gläubiger und Grundstückseigentümer

Isolierte Grundschuld und Sicherungsgrundschuld

Man unterscheidet bei der Grundschuld zwischen einer isolierten Grundschuld und einer Sicherungsgrundschuld. Erstere liegt vor, wenn die Grundschuld ohne jeglichen Sicherungszweck bestellt wird, letztere dagegen, wenn Sie den Zweck einer Absicherung eines schuldrechtlichen Zahlungsanspruchs verfolgt, vgl. Legaldefinition in § 1192 Ia BGB. Dieser Zweck lässt sich aus dem schuldrechtlichen Sicherungsvertrag, auch Sicherungsabrede genannt, entnehmen. 445

Seine Funktion besteht dann darin, eine besondere Verbindung zwischen dem Grundpfandrecht und der Forderung herzustellen, die sich gerade nicht aus dem Gesetz ergibt. In dem Sicherungsvertrag bestimmen die Parteien die zu sichernde Forderung und vor allem die Konditionen für den Fall der Abwicklung und Rückgewähr der Grundschuld.

hemmer-Methode: Oft werden die Parteien durch die Sicherungsabrede für die Sicherungsgrundschuld das Ergebnis erzielen wollen, das auch für die Hypothek gilt. Deshalb ist es ratsam, sich in der Klausur (im Kopf!) kurz zu überlegen, wie der Fall bei einer Hypothek zu lösen wäre. Was bei dieser kraft Gesetzes erfolgt, muss bei der Sicherungsgrundschuld unter Umständen durch ein Rechtsgeschäft herbeigeführt werden: An die Stelle der cessio legis (§ 1143 BGB) tritt beispielsweise ein Anspruch auf Abtretung aus dem Sicherungsvertrag (durch Auslegung) oder aus dem Bereicherungsrecht.

Eigentümergrundschuld nach § 1196 BGB

Daneben gibt es noch die Eigentümergrundschuld nach § 1196 BGB, bei der sich der Eigentümer selbst eine Grundschuld am eigenen Grundstück bestellen kann. Das geschieht i.d.R. um den Rang zu wahren, wenn er die Grundschuld später auf einen Dritten zur Kreditsicherung übertragen will. Die Eigentümergrundschuld wird dann im Falle der Übertragung auf einen Dritten zur Fremdgrundschuld. 446

B. Entstehung der Grundschuld

Buchgrundschuld

Entstehungsvoraussetzungen der Buchgrundschuld: 447

- ⇨ Einigung gem. § 873 I BGB mit dem Inhalt von § 1191 I BGB und Einigung über den Briefausschluss nach §§ 1192 I, 1116 II BGB
- ⇨ Eintragung der Grundschuld gem. § 873 I BGB und des Briefausschlusses gem. §§ 1192 I, 1116 II BGB
- ⇨ Berechtigung und Verfügungsbefugnis des Bestellenden

Briefgrundschuld

Entstehungsvoraussetzungen der Briefgrundschuld 448

- ⇨ Einigung gem. § 873 I BGB mit dem Inhalt von § 1191 I BGB
- ⇨ Eintragung der Grundschuld gem. § 873 I BGB
- ⇨ Briefübergabe gem. §§ 1192 I, 1117 BGB
- ⇨ Berechtigung und Verfügungsbefugnis des Bestellenden

Eigentümergrundschuld

Entstehungsvoraussetzungen der Eigentümergrundschuld: 449

- ⇨ Einseitige Erklärung des Eigentümers an das Grundbuchamt, dass eine Brief- oder Buchgrundschuld für ihn eingetragen werden soll gem. § 1196 II BGB
- ⇨ Eintragung der Grundschuld im Grundbuch gem. § 1196 II BGB
- ⇨ Berechtigung und Verfügungsbefugnis des Bestellenden

Entstehungsvoraussetzungen wie bei Hypothek bis auf Bestehen einer Forderung

Die Grundschuld hat bis auf das Erfordernis einer Forderung 450
die gleichen Entstehungsvoraussetzungen wie die Hypothek, nämlich Einigung, Eintragung, Übergabe des Grundschuldbriefs oder Briefausschluss und Berechtigung des Bestellenden. Dies ergibt sich aus der Verweisungsvorschrift des § 1192 I BGB. Folglich kann bzgl. dieser Voraussetzungen auf die entsprechenden Darstellungen des Hypothekenrechts in § 11 verwiesen werden.

Keine Forderung nötig, aber ggf. Bedingung gem. § 158 I BGB? umstritten

Das Bestehen einer Forderung ist nach dem bisher Gesag- 451
ten nicht notwendig. Dennoch ist umstritten, ob nicht die Bestellung einer Grundschuld von der Existenz der Forderung durch eine aufschiebende Bedingung i.S.v. § 158 I BGB abhängig gemacht werden kann. Eine Ansicht sieht darin einen Verstoß gegen den sachenrechtlichen Typenzwang, da als akzessorisches Pfandrecht die Hypothek vorgesehen ist. Die Gegenansicht betont den Grundsatz der „Bedingungsfreundlichkeit" der Grundschuld.

hemmer-Methode: Bei diesem Meinungsstreit kommt es wiederum nicht auf das Ergebnis an, sondern auf die Argumentation. Dazu müssen Sie auf die allgemeinen sachenrechtlichen Prinzipien zurückgreifen und mit diesen ihre Meinung begründen.

Sicherungsgrundschuld: Sicherungsvertrag keine Entstehungsvoraussetzung, aber Rechtsgrund

Auch bei der Sicherungsgrundschuld ist das Bestehen eines 452
wirksamen Sicherungsvertrags gerade keine Voraussetzung für die Entstehung der dinglichen Sicherheit. Ist dieser aus irgendeinem Grund nicht zustande gekommen oder nichtig, so ist die Grundschuldbestellung trotzdem wirksam und allenfalls kondizierbar, da es insoweit an der erforderlichen causa (= Rechtsgrund) fehlt.

Merke: Hierzu empfiehlt sich die Lektüre von Fall 35 (Frage 2) in Hemmer/Wüst, Die 43 wichtigsten Fälle für Anfangssemester, Sachenrecht II.

hemmer-Methode: Lassen Sie sich nicht durch die Begriffe verwirren: Die Sicherungsgrundschuld hat nichts mit der (nur) ähnlich lautenden Sicherungshypothek (§§ 1184 ff. BGB) zu tun. Die Sicherungshypothek ist eine besonders fest mit der Forderung verbundene Hypothek, sie ist streng akzessorisch. Ihrer Aufgabe nach entspricht die Sicherungsgrundschuld eher der Verkehrshypothek.

Eigentümergrundschuld kann durch RG (§ 1196 II BGB) und kraft Gesetzes entstehen

Zu beachten ist, dass die Eigentümergrundschuld nicht nur durch einseitiges Rechtsgeschäft nach § 1196 II BGB als sog. ursprüngliche offene Eigentümergrundschuld entstehen kann, sondern auch kraft Gesetzes: 453

- Dem Gläubiger wurde eine Hypothek bestellt, jedoch wurde der Kredit noch nicht ausbezahlt, so dass dem Eigentümer eine sog. ursprünglich verdeckte (weil nicht aus Grundbuch ersichtliche) Eigentümergrundschuld zusteht gem. §§ 1163 I 1, 1177 I BGB.
- Gleiches gilt, solange bei einer Briefhypothek die Briefübergabe noch nicht erfolgt ist, §§ 1163 II, 1177 I BGB.
- Eine sog. nachträgliche Eigentümergrundschuld entsteht durch Umwandlung einer Fremdhypothek oder einer Fremdgrundschuld in ein Eigentümerrecht, z.B. wenn die hypothekarisch gesicherte Forderung erlischt gem. §§ 1163 I 2, 1177 I BGB oder durch Verzicht gem. § 1168 BGB auf die Hypothek oder die Grundschuld.

C. Gutgläubiger Ersterwerb der Grundschuld

Gutgläubiger Ersterwerb nach § 892 BGB möglich; auch § 878 BGB anwendbar

Ein gutgläubiger Erwerb der Grundschuld vom vermeintlichen Eigentümer (sog. Ersterwerb) ist wie bei der Hypothek gem. § 892 BGB möglich. Voraussetzung neben den allgemeinen Entstehungsvoraussetzungen (s.o.) ist wiederum nach § 892 BGB, dass der Sicherungsgeber durch das Grundbuch ausgewiesen ist und der Erwerber gutgläubig ist. Sofern es an der Verfügungsbefugnis fehlt, findet § 878 BGB Anwendung. 454

Merke: Lesen Sie dazu Fall 35 (Frage 1) in Hemmer/Wüst, Die 43 wichtigsten Fälle für Anfangssemester, Sachenrecht II.

§ 892 (-) bei EGS, da kein Verkehrsgeschäft

Zu beachten ist, dass bei der Bestellung einer Eigentümergrundschuld § 892 BGB nicht einschlägig ist, da es sich um kein Verkehrsgeschäft handelt. 455

hemmer-Methode: Zur Wiederholung! Ein Verkehrsgeschäft liegt vor, wenn auf der Erwerberseite mindestens eine Person beteiligt ist, die nicht auch der Veräußererseite angehört.

D. Der Sicherungsvertrag bei der Sicherungsgrundschuld

Sicherungsvertrag führt zur fiduziarischen (= treuhänderischen) Bindung

Im schuldrechtlichen Sicherungsvertrag bestimmen die Parteien (Gläubiger und Grundstückseigentümer) den Sicherungszweck, zu dem die Grundschuld benutzt werden soll. Hierdurch wird im Innenverhältnis eine treuhänderische (also nur schuldrechtliche) Bindung des Sicherungsnehmers erreicht, der im Außenverhältnis eine weiter gehende dingliche Rechtsmacht erhält. 456

Keine Akzessorietät

Trotz dieses Sicherungsvertrages ist die Sicherungsgrundschuld aber nicht akzessorisch. Jedoch beantwortet die Sicherungsabrede die Fragen, die sich bei der Hypothek infolge der Akzessorietät von selbst kraft Gesetzes lösen. 457

Vorteile der Sicherungsgrundschuld

Vorteile der Sicherungsgrundschuld sind: 458

⇨ Sofern die Forderung noch nicht entstanden ist, steht bei der Hypothek dem Eigentümer kraft Gesetzes eine Eigentümergrundschuld zu, vgl. §§ 1163 I 1, 1177 BGB. Dagegen kann die Sicherungsgrundschuld schon vor Valutierung vom Gläubiger erworben werden.

⇨ Die gesicherte Forderung kann formlos durch Parteivereinbarung ausgewechselt werden. Bei der Hypothek ist dafür der umständliche § 1180 BGB anzuwenden.

Sicherungsvertrag nicht formbedürftig und nicht eintragungsfähig (nur einzelne konkrete Einreden)

Beachten Sie, dass die Sicherungsabrede als schuldrechtlicher Vertrag dem Grundsatz der Formfreiheit unterliegt, so dass auch mündliche Abreden wirksam sind. Dagegen ist der Sicherungsvertrag in seiner Gesamtheit nicht in das Grundbuch eintragungsfähig, da sonst eine Akzessorietät geschaffen würde, die dem Charakter der Grundschuld widerspräche. Eintragungsfähig sind aber einzelne konkrete Einreden aus dem Sicherungsvertrag. 459

Wirksamkeit der Grundschuld grds. unabhängig von der Wirksamkeit des Sicherungsvertrags

Die dingliche Bestellung der Grundschuld ist aufgrund des sachenrechtlichen Abstraktionsprinzips in ihrer Wirksamkeit grundsätzlich unabhängig vom Sicherungsvertrag. Eine Abhängigkeit kann auch nicht durch die Annahme einer Einheit von Verpflichtungs- und Erfüllungsgeschäft i.S.d. § 139 BGB angenommen werden, da ansonsten das Abstraktionsprinzip ausgehöhlt werden würde. Möglich ist jedoch ein Fall der Fehleridentität, wenn ein Fehler des Sicherungsvertrags auch der Grundschuldbestellung anhaftet (z.B. Geschäftsunfähigkeit des Gläubigers bei Kreditgeschäft und bei dinglicher Einigung bzgl. Grundschuldbestellung). 460

Sicherungsabrede unwirksam → schuldrechtlicher Rückübertragungsanspruch bzgl. Grundschuld aus § 812 I 1 Alt.1 BGB

Steht jedoch fest, dass die Sicherungsabrede unwirksam ist und die Grundschuld dinglich wirksam bestellt worden ist, so muss es für den Eigentümer eine Möglichkeit geben, von der Belastung befreit zu werden. Anderenfalls wäre der Gläubiger in ungerechtfertigter Art und Weise begünstigt, da er die Grundschuld erhielte, ohne treuhänderisch durch die Sicherungsabrede gebunden zu sein. Folglich bedarf es eines schuldrechtlichen Rückübertragungsanspruchs, wobei die Anspruchsgrundlage sich aus § 812 I 1 Alt.1 BGB ergibt, da die Grundschuld ohne Sicherungsabrede als Rechtsgrund geleistet worden ist. Siehe dazu Fall 35 (Frage 2) in Hemmer/Wüst, Die 43 wichtigsten Fälle für Anfangssemester, Sachenrecht II. 461

Zu sichernde Forderung ist nichtig, § 812 I 1 Alt.1 BGB

Fraglich ist, wie der Fall zu behandeln ist, wenn die zu sichernde Forderung nichtig ist, das Darlehen aber ausbezahlt wurde. Nach h.M. erfasst die Sicherungsabrede auch einen Anspruch aus § 812 I 1 Alt.1 BGB. 462

Endgültige Nichtvalutierung ⇨ Rückübertragungsanspruch aus Sicherungsabrede

Im umgekehrten Fall, also wenn der Darlehens- und der Sicherungsvertrag wirksam sind und nur die Darlehenssumme **endgültig** nicht ausbezahlt wurde, ergibt sich der Rückübertragungsanspruch aus der Sicherungsabrede selbst. Dies gilt selbst dann im Wege der ergänzenden Vertragsauslegung (§§ 133, 157 BGB), wenn die Parteien diesen Fall nicht ausdrücklich geregelt haben. Dagegen kommt § 1163 I 1 BGB nicht über § 1192 I BGB zur Anwendung, da er gerade auf der Akzessorietät der Hypothek beruht. 463

Ist die Nichtvalutierung dagegen vorläufig, so besteht kein Rückübertragungsanspruch, da der Sicherungsgeber ansonsten später aufgrund des Sicherungsvertrags wieder eine Grundschuld zugunsten des Gläubigers bestellen müsste.

Anspruch aus § 894 (-), da Grundschuld dinglich wirksam

Für den Fall eines bestehenden Rückübertragungsanspruchs des Sicherungsgebers ist zu beachten, dass dem Sicherungsgeber daneben kein Grundbuchberichtigungsanspruch aus § 894 BGB zusteht, da die Grundschuld dinglich wirksam und demzufolge das Grundbuch nicht unrichtig ist. 464

Merke: Zur Wiederholung lesen Sie Fall 35 (Frage 3) in Hemmer/Wüst, Die 43 wichtigsten Fälle für Anfangssemester, Sachenrecht II.

E. Die Übertragung der Grundschuld (sog. „Zweiterwerb")

I. Die Übertragung von Grundschuld und Forderung

Übertragung von Forderung und Grundschuld mangels Akzessorietät unabhängig voneinander möglich

Zu beachten ist, dass Forderung und Grundschuld mangels Akzessorietät unabhängig voneinander übertragen werden können. Dies bedeutet, dass der Gläubiger nur die Forderung oder nur die Grundschuld oder beide an verschiedene Personen oder dieselbe Person übertragen kann. 465

Übertragung der Forderung nach § 398 BGB formlos möglich

Die Übertragung der Forderung (= Abtretung) richtet sich nur nach § 398 BGB. Es bedarf daher nur eines formlosen Abtretungsvertrags und keiner besonderen Form wie in § 1154 BGB, der auf die Forderung nicht anwendbar ist. 466

Übertragungsvoraussetzungen bei der Grundschuld

Bei der Übertragung der Grundschuld ist zwischen Brief- und Buchgrundschuld zu trennen:

Briefgrundschuld

Übertragungsvoraussetzungen bei der Briefgrundschuld: 467

- ⇨ Abtretung der Grundschuld durch Abtretungsvertrag gem. §§ 398, 413 BGB
- ⇨ Abtretung in Schriftform gem. §§ 1192 I, 1154 I BGB oder durch Eintragung im Grundbuch gem. §§ 1192 I, 1154 II BGB
- ⇨ Briefübergabe gem. §§ 1192 I, 1154 I 1, 1117 BGB
- ⇨ Berechtigung und Verfügungsbefugnis des Veräußerers

Buchgrundschuld

Übertragungsvoraussetzungen bei der Buchgrundschuld: 468

⇨ Einigung über die Übertragung der Grundschuld gem. §§ 1192 I, 1154 III, 873 I BGB

⇨ Eintragung des Erwerbers im Grundbuch gem. §§ 1192 I, 1154 III BGB

⇨ Berechtigung und Verfügungsbefugnis des Veräußerers

§ 1154 BGB gilt nur für Grundschuld, nicht für Forderung!

§ 1154 BGB gilt i.V.m. § 1192 I BGB nur für die Übertragung der Grundschuld und nicht für die Forderung, die durch die Grundschuld gesichert werden soll. Dabei muss der Begriff Forderung im Wortlaut des § 1154 I und III BGB durch das Wort Grundschuld ersetzt werden, um die Übertragungsvoraussetzungen zu entnehmen. 469

II. Die isolierte Übertragung von Grundschuld oder Forderung

Isolierte Übertragung von Forderung und Grundschuld mangels Akzessorietät möglich

Die isolierte Übertragung von Grundschuld und Forderung ist mangels Akzessorietät möglich, es bestehen keine sachenrechtlichen Probleme. 470

Problem: Abtretungsverbot bzgl. isolierter Abtretung

Probleme treten aber dann auf, wenn die Parteien ein Abtretungsverbot dergestalt vereinbart haben, dass Grundschuld und Forderung nicht isoliert übertragen werden dürfen. Rechtsfolge dieses Abtretungsverbots für die Forderung ist nach § 399 Alt.2 BGB, dass der Zessionar (= Neugläubiger) die Forderung nicht erwerben kann. 471

Abtretungsverbot bei Grundschuld ist Inhaltsänderung gem. §§ 873, 877 BGB

Bezogen auf die Grundschuld stellt ein Abtretungsverbot eine Inhaltsänderung dar, die nach §§ 873, 877 BGB im Grundbuch einzutragen ist. Ansonsten kann sich ein gutgläubiger Erwerber der Grundschuld auf §§ 1192 I, 1157 S.2, 892 BGB berufen. 472

Merke: Lesen Sie dazu Fall 37 in Hemmer/Wüst, Die 43 wichtigsten Fälle für Anfangssemester, Sachenrecht II und Hemmer/Wüst, Sachenrecht III, Rn. 229.

F. Gutgläubiger Erwerb bei der Übertragung (sog. gutgläubiger „Zweiterwerb“)

Kein gutgläubiger Forderungserwerb

Ein gutgläubiger Forderungserwerb kommt auch bei einer durch eine Grundschuld gesicherten Forderung nicht in Betracht. 473

Dingliche Mängel bei der Bestellung können über § 892 BGB (ggf. i.V.m. § 1155 BGB) überwunden werden

Bei dem gutgläubigen Erwerb der Grundschuld bei der Übertragung (sog. gutgläubiger Zweiterwerb) bedarf es keiner Differenzierung wie bei der Hypothek, ob der Mangel im dinglichen Bestellungsakt oder auf Seiten der Forderung liegt, da das Bestehen einer Forderung gerade keine Voraussetzung für die Grundschuld ist. Folglich kann es beim gutgläubigen Zweiterwerb der Grundschuld nur auf einen dinglichen Mangel bei der Grundschuldbestellung ankommen. Dieser kann gem. § 892 BGB überwunden werden, wobei bei der Briefgrundschuld auch § 1155 BGB zur Anwendung kommt. 474

Pfandrechtsbezogene Einwendungen/Einreden auch gegenüber Neuerwerber nach §§ 1192 I, 1157 S.1 BGB möglich

Zu beachten ist außerdem, dass auch bzgl. Einwendungen und Einreden aus dem Sicherungsvertrag oder der Grundbuchbestellung § 1157 BGB über § 1192 I BGB gilt, da § 1157 BGB nicht auf die Akzessorietät der Hypothek abstellt. Dies bedeutet, dass der Grundstückseigentümer grundsätzlich auch gegenüber dem Erwerber der Grundschuld seine Einwendungen und Einreden aus dem Rechtsverhältnis mit dem Veräußerer entgegenhalten kann, vgl. §§ 1192 I, 1157 S.1 BGB. 475

§ 1192 Ia BGB: kein gutgl. Erwerb

Allerdings ist seit August 2008 die Vorschrift des § 1192 Ia BGB zu beachten, nach der es einen gutgläubigen Wegerwerb der Einreden nicht mehr gibt (vgl. dazu Tyroller, Life&Law 2009, 133 ff.). 476

Eigentümer kann nur vollständig verwirklichte Einreden geltend machen;

Zu beachten ist, dass der Eigentümer seine Einwendungen und Einreden nur dann geltend machen kann, wenn diese schon vor dem Übergang der Grundschuld vollständig verwirklicht sind. Dies ergibt sich aus dem Gesetzestext des § 1157 S.1 BGB, der das Wort „zusteht“ gebraucht. 477

Aber: gem. § 1192 Ia BGB auch Einreden, Verteidigung möglich, soweit § 1156 BGB betroffen.

Auch § 1156 BGB als Schutzvorschrift des Grundpfandrechtserwerbers ist über § 1192 I BGB auf die Grundschuld zwar anwendbar, wonach eine schuldbefreiende Leistung an den Zedenten (= Altgläubiger) nicht gegenüber der Inanspruchnahme aus der Hypothek geltend gemacht werden kann. 478

Wenn dies schon für die akzessorische Hypothek gilt, muss § 1156 BGB bei der Grundschuld erst recht Anwendung finden. Allerdings greift hier § 1192 Ia BGB ebenfalls, wenn es dort in der 2. Alt. Heißt: *„....oder sich aus dem Sicherungsvertrag ergeben....“.*

Der Entstehungszeitpunkt ist daher faktisch im Recht der Grundschuld nicht mehr bedeutsam, da der Eigentümer hier wie dort geschützt ist.

Konsequenz aus der Einfügung des § 1192 Ia BGB ist, dass die Sicherungsgrundschuld bei der Übertragung (!) faktisch strenger mit der Forderung verbunden ist, als dies bei der akzessorischen Hypothek der Fall ist.

Merke: Lesen Sie dazu Fall 36 in Hemmer/Wüst, Die 43 wichtigsten Fälle für Anfangssemester, Sachenrecht II.

G. Einwendungen/Einreden

Verschiedene Arten von Einwendungen/Einreden

Ist die Grundschuld als Sicherungsgrundschuld bestellt, sind wie bei der Hypothek drei Arten von Einwendungen und Einreden zu unterscheiden: 479

- ⇨ Einwendungen/Einreden gegen die gesicherte Forderung.
- ⇨ Einwendungen/Einreden aus der Bestellung der Grundschuld (sog. grundschuld- oder pfandrechtsbezogene Einwendungen/Einreden).
- ⇨ Forderungsbezogene Einwendungen/Einreden können aber nur mittelbar über die Sicherungsabrede der Grundschuld entgegengehalten werden.

Bei der isolierten Grundschuld gibt es logischerweise nur pfandrechtsbezogene Einwendungen und Einreden.

I. Einwendungen/Einreden des persönlichen Schuldners gegen die Forderung

forderungsbezogene Einwendungen/Einreden gegen Forderung auch nach Zession gem. §§ 404 ff. BGB

Dem Schuldner als Beteiligtem des Rechtsverhältnisses stehen alle forderungsbezogenen Einwendungen und Einreden gegen die Forderung zu. Diese gelten nach §§ 404 ff. BGB auch gegenüber dem neuen Gläubiger, wenn die Forderung nach § 398 BGB abgetreten wird. 480

Besondere Einrede aus Rechtsgedanken der §§ 273, 320 BGB: Zahlung nur Zug um Zug gegen Befreiung von der Grundschuld

Eine besondere Einrede ergibt sich bei der Sicherungsgrundschuld daraus, dass es sich um eine gesicherte Forderung handelt. Wenn nämlich die Forderung endgültig durch Erfüllung untergegangen ist, so wird sich aus der Sicherungsabrede ein schuldrechtlicher Rückübertragungsanspruch bzgl. der Grundschuld ergeben, da dessen Sicherungszweck weggefallen ist. Folglich muss dann dem Schuldner gegen die Forderung eine Einrede aus dem Rechtsgedanken des § 273 bzw. § 320 BGB zustehen. 481

Er kann also die Rückübertragung oder Aufhebung der Grundschuld (Wahlrecht!) Zug um Zug gegen Zahlung verlangen.

Keine grundschuldbezogenen Einwendungen/Einreden gegen die Forderung

Wie schon bei der Hypothek kann der persönliche Schuldner aber keine grundpfandrechtsbezogenen Einwendungen/Einreden gegen die Forderung geltend machen. 482

II. Grundschuldbezogene Einwendungen/Einreden des Eigentümers gegen die Grundschuld

Grundschuldbezogene Einwendungen/Einreden

Der Eigentümer kann alle grundpfandrechtsbezogene Einwendungen und Einreden gegen die Grundschuld im Verhältnis zum Ersterwerber (= Altgläubiger) geltend machen. 483

Dies gilt auch für solche aus der Sicherungsabrede, da sie sich unmittelbar gegen die Grundschuld richten.

Grundschuldbezogenen Einwendungen/Einreden des Eigentümers aus Rechtsverhältnis mit Altgläubiger gegen den Neugläubiger nach §§ 1192 I, 1157 S.1 BGB

Nach §§ 1192 I, 1157 S.1 BGB kann der Grundstückseigentümer dem neuen Gläubiger auch sämtliche Einreden aus diesem Rechtsverhältnis entgegenhalten, sofern diese bereits zur Zeit der Abtretung bestanden haben (vgl. Wortlaut in § 1157 S.1 BGB: „zusteht“). Bei Nichteintragung der Einwendungen/Einreden besteht die Gefahr des Verlustes infolge eines gutgläubigen einredefreien Erwerbs nach §§ 1192 I, 1157 S.2, 892 BGB nicht mehr, § 1192 Ia BGB. 484

Grundschuldbezogene Einwendungen/Einreden aus Rechtsverhältnis mit Neugläubiger; § 1157 BGB nicht anwendbar

Daneben besteht noch die Möglichkeit, dass der Eigentümer direkt aus dem Rechtsverhältnis mit dem Neugläubiger grundpfandrechtsbezogene Einwendungen/Einreden geltend macht. Dazu bedarf es dann natürlich keines Rückgriffs auf § 1157 BGB. 485

III. Forderungsbezogene Einwendungen/Einreden des Eigentümers gegen die Grundschuld

§ 1137 BGB nicht anwendbar

Forderungsbezogene Einwendungen/Einreden des Eigentümers gegen die Grundschuld können nicht über § 1137 BGB geltend gemacht werden, da diese Vorschrift Akzessorietät voraussetzt und damit nicht über § 1192 I BGB anwendbar ist. 487

Forderungsbezogene Einwendungen/Einreden i.V.m. Sicherungsvertrag gegen Grundschuld möglich

Stattdessen können sich die forderungsbezogenen Einwendungen/Einreden mittelbar über die Sicherungsabrede gegen die Grundschuld richten, denn der Sicherungsvertrag verknüpft die Grundschuld mit der Forderung. 488

Diese Verknüpfung zeigt sich darin, dass der Sicherungsvertrag i.d.R. eine Vereinbarung enthält, wonach die Grundschuld nur i.R. der gesicherten Forderung durchgesetzt werden darf, so dass forderungsbezogene Einwendungen/Einreden zu Einwendungen/Einreden des Sicherungsvertrags führen können.

Forderungsbezogene Einwendungen/Einreden auch gegenüber Neugläubiger gem. §§ 1192 I, 1157 S.1 BGB möglich

Wird die Grundschuld danach abgetreten, so greift wiederum §§ 1192 I, 1157 S.1 BGB ein. Dies bedeutet, dass der Eigentümer auch gegenüber dem Neugläubiger die forderungsbezogenen Einwendungen/Einreden gegen die Grundschuld geltend machen kann. Die Möglichkeit eines gutgläubigen einredefreien Erwerbs gem. §§ 1192 I, 1157 S.2, 892 BGB besteht nicht, § 1192 Ia BGB. 489

Bei unwirksamer Sicherungsabrede besteht Einrede aus § 821 BGB gegen Anspruch aus §§ 1192 I, 1147 BGB

Für den Fall, dass die Sicherungsabrede unwirksam ist, kann der Eigentümer dem Gläubiger die Einrede aus § 821 BGB entgegenhalten, so dass der Anspruch auf Duldung der Zwangsvollstreckung gem. §§ 1192 I, 1147 BGB nicht durchsetzbar ist. Denn schließlich ist die Sicherungsabrede bei der Sicherungsgrundschuld der Rechtsgrund (= causa) für die Bestellung der Grundschuld. 490

Bei Unwirksamkeit der gesicherten Forderung besteht Einrede aus Sicherungsvertrag selbst

Ist dagegen der Sicherungsvertrag wirksam und die zu sichernde Forderung nichtig, so ergibt sich ein Leistungsverweigerungsrecht (= Einrede) aus der Sicherungsabrede selbst. 491

hemmer-Methode: Klausurtypische Fälle zu Einwendungen/Einreden bei der Grundschuld finden sich in Hemmer/Wüst, Die 43 wichtigsten Fälle für Anfangssemester, Sachenrecht II, Fall 38 und 39.

H. Zahlung und Regress (= Rückgriff)

Rechtsfolgen der Zahlung ergeben sich mangels Akzessorietät nicht aus Gesetz

Bei der Grundschuld sind die Konsequenzen, die sich aus der Zahlung einer Geldsumme für die Grundschuld oder die Forderung ergeben, rechtlich schwierig zu beurteilen. Dies liegt daran, dass die Grundschuld nicht akzessorisch ausgestaltet ist und es daher an einem gesetzlichen Lösungsweg wie bei der Hypothek (vgl. §§ 1153, 1163 BGB) fehlt. 492

Problem: Worauf wird gezahlt?

Weiteres Problem der rechtlichen Selbständigkeit der Grundschuld von der Forderung ist, dass nicht klar ist, auf was gezahlt worden ist. 493

Es muss also geklärt werden, ob die Leistung auf die Forderung oder auf die Grundschuld erbracht worden ist, wobei es dabei gilt, die Interessenlage der Parteien zu berücksichtigen.

hemmer-Methode: Obwohl kein gesetzlicher Lösungsweg für Zahlung und Regress bei der Grundschuld vorgegeben ist, so gilt es doch, sich vor der Anfertigung einer Lösungsskizze zumindest gedanklich die Frage zu stellen, wie der Fall bei einer hypothekarisch gesicherten Forderung gelaufen wäre. Auf diese Weise gelangen Sie zu einem gerechten und von Gesetzgeber gewollten Ergebnis. Dieses Ergebnis müssen Sie dann auf die Grundschuld übertragen. Zwar stehen Ihnen dazu nicht die gesetzlichen Normen wie §§ 1153, 1163 BGB zur Verfügung, jedoch haben Sie die Möglichkeit, die Rechtsfolgen, die sich bei der Hypothek kraft Gesetzes ergeben, bei der Grundschuld auf rechtsgeschäftlichem Wege zustande zu bringen.

I. Rechtsfolgen bei Personenidentität

Bei Personenidentität kommt darauf an auf was gezahlt wird

Bei Personenidentität von persönlichem Schuldner und Grundstückseigentümer (= Sicherungsgeber) kommt es darauf an, ob auf Forderung oder Grundschuld gezahlt worden ist. 494

1. Zahlung auf die Forderung

Bei Zahlung auf Forderung bleibt Gläubiger zunächst Inhaber der Grundschuld

Zahlt der persönliche Schuldner auf die Forderung, so erlischt diese gem. § 362 I BGB, jedoch bleibt der Gläubiger hinsichtlich der Grundschuld aufgrund der Unabhängigkeit der Grundschuld von der Forderung dinglich Berechtigter. 495

Die §§ 1163 I 2, 1177 I BGB finden daher mangels Akzessorietät der Grundschuld keine Anwendung.

Auch ein Grundbuchberichtigungsanspruch nach § 894 BGB steht dem Eigentümer nicht zu, da der Gläubiger weiterhin dinglich Berechtigter ist und damit eine Unrichtigkeit des Grundbuchs ausscheidet.

Rückgewähranspruch aus Sicherungsabrede mit Wahlrecht

Allerdings steht dem Grundstückseigentümer aus der Sicherungsabrede ein schuldrechtlicher Rückgewähranspruch zu. 496
Diesen Anspruch kann der Gläubiger nach Wahl des Eigentümers bzw. nach der im Sicherungsvertrag getroffenen Regelung erfüllen durch:

- ⇨ Rückübertragung gem. §§ 1192 I, 1154 BGB
- ⇨ Verzicht gem. §§ 1192 I, 1168 BGB
- ⇨ Aufhebung gem. §§ 875, 1192 I, 1183 BGB

2. Zahlung auf die Grundschuld

Zahlung auf Grundschuld führt zu einer EGS kraft Gesetzes, wobei Norm umstritten ist (h.M. = § 1143 I BGB analog)

Zahlt der Grundstückseigentümer dagegen auf die Grund- 497
schuld, so geht die Grundschuld kraft Gesetzes auf den Eigentümer über. Dabei ist jedoch umstritten, welche Norm des Hypothekenrechts zur Begründung dieser Rechtsfolge heranzuziehen ist. Es wird auf § 1143 I BGB analog (so h.M.), auf § 1163 I 2 BGB analog oder aber auf §§ 1168, 1170 BGB analog abgestellt.

Rechtsfolge ist Grundbuchberichtigungsanspruch nach § 894 BGB

Folge der Zahlung ist, neben dem Entstehen einer Eigentü- 498
mergrundschuld, dass der Eigentümer einen Grundbuchberichtigungsanspruch nach § 894 BGB geltend machen kann, da in diesem Fall, anders als bei Zahlung auf die Forderung, die Grundschuld kraft Gesetzes ihren Inhaber wechselt. Das Grundbuch ist unrichtig.

Forderung erlischt bei Personenidentität

Die Forderung erlischt aufgrund der Zahlung auf die Grund- 499
schuld bei Personenidentität von Schuldner und Eigentümer, weil sie auflösend bedingt ist, durch die Ablösung der Grundschuld gem. § 158 II BGB analog. Schließlich soll der Gläubiger nur einmal befriedigt werden.

II. Rechtsfolge bei Personenverschiedenheit von persönlichem Schuldner und Grundstückseigentümer

Personenverschiedenheit - wer ist im Innenverhältnis Verpflichteter?

Die Rechtsfolgen bei Personenverschiedenheit von persönli- 500
chem Schuldner und Grundstückseigentümer unterscheiden sich wiederum danach, welche Person auf was (Forderung oder Grundschuld) zahlt und welche Person (Schuldner oder Eigentümer) im Innenverhältnis verpflichtet ist.

1. Persönlicher Schuldner ist im Innenverhältnis gegenüber Grundstückseigentümer verpflichtet (Regelfall)

a) Zahlung des persönlichen Schuldners

Zahlung auf Forderung: Gläubiger bleibt Grundschuldinhaber, aber Rückgewähranspruch des Eigentümers

Zahlt der Schuldner, so erlischt die Forderung gem. § 362 I BGB, da er regelmäßig seine Schuld erfüllen will. Die Grundschuld zugunsten des Gläubigers bleibt aufgrund ihrer Unabhängigkeit vom Schicksal der Forderung bestehen. Der Gläubiger muss aber die Grundschuld aufgrund der Sicherungsabrede übertragen bzw. aufheben oder auf sie verzichten (s. Rn. 495 f.). 501

Die Anspruchsberechtigung richtet sich danach, mit wem der Sicherungsvertrag geschlossen wurde. Sofern die Sicherungsabrede zwischen dem Schuldner und dem Gläubiger geschlossen wurde, ist der Schuldner als Anspruchsberechtigter aktivlegitimiert. Allerdings kann dann der Eigentümer vom Schuldner verlangen, dass er diese Forderung durchsetzt oder ihm abtritt.

b) Zahlung des Grundstückseigentümers

Zahlung des Grundstückseigentümers i.d.R. auf Grundschuld, diese geht gem. § 1143 BGB analog auf ihn über

Der Eigentümer zahlt regelmäßig, um die Zwangsvollstreckung abzuwenden und damit auf die Grundschuld. Diese geht analog § 1143 BGB auf ihn über. Bezüglich der Forderung ist § 1143 BGB aber keinesfalls anwendbar, so dass die Forderung nicht automatisch (kraft Gesetzes) auf den Grundstückseigentümer übergeht. Der Eigentümer hat aber aufgrund der Sicherungsabrede gegen den Gläubiger einen Anspruch auf Abtretung der persönlichen Forderung. 502

2. Grundstückseigentümer ist im Innenverhältnis gegenüber persönlichem Schuldner verpflichtet (Sonderfall)

a) Zahlung des persönlichen Schuldners

§ 1164 BGB nicht anwendbar; aber Anspruch gegen Eigentümer auf Abtretung des Rückgewähranspruchs aus Sicherungsvertrag oder auf Übertragung der Grundschuld

Sofern der persönliche Schuldner zahlt, obwohl im Innenverhältnis der Eigentümer verpflichtet ist, den Gläubiger zu befriedigen, gilt der allgemeine Grundsatz, dass auf das eigene Rechtsverhältnis, also auf die Forderung, geleistet wird. Konsequenz daraus ist, dass die Forderung gem. § 362 I BGB erlischt. 503

Mangels Akzessorietät der Grundschuld ist § 1164 BGB nicht anwendbar, so dass die Grundschuld nicht kraft Gesetzes auf den Schuldner übergeht. Vielmehr kann der Schuldner nur vom Grundstückseigentümer die Abtretung des Rückgewähranspruchs des Eigentümers gegen den Gläubiger aus der Sicherungsabrede verlangen. Sofern die Grundschuld vom Gläubiger schon auf den Eigentümer übertragen wurde, steht dem Schuldner ein Anspruch auf Übertragung der Grundschuld selbst zu.

b) Zahlung des Grundstückseigentümers

Bei Zahlung des Eigentümers entsteht EGS und Forderung erlischt aufgrund Verpflichtung gegenüber Schuldner aus Innenverhältnis

Auch wenn der Eigentümer im Innenverhältnis zum Schuldner verpflichtet ist, den Gläubiger zu befriedigen, so richtet sich regelmäßig eine Zahlung von ihm an den Gläubiger auf die Grundschuld (s.o.). Die Grundschuld geht dann nach § 1143 I BGB analog auf den Eigentümer über, so dass eine Eigentümergrundschuld entsteht, wobei die §§ 1163 I 2, 1177 I BGB nicht zur Anwendung gelangen. Die Forderung dagegen erlischt nach h.M., da der Eigentümer ja gerade im Innenverhältnis dem persönlichen Schuldner gegenüber verpflichtet ist, den Gläubiger zu befriedigen. 504

III. Zahlung eines Ablösungsberechtigten

Ablösungsrecht nach §§ 268, 1150, 1192 I BGB

Auch bei der Grundschuld findet über § 1192 I BGB die Vorschrift des § 1150 BGB Anwendung, die ihrerseits auf § 268 BGB verweist. An dieser Stelle ist wiederum entscheidend, worauf der Ablösungsberechtigte zahlt. 505

Zahlung auf Grundschuld = cessio legis (§ 268 III BGB); Zahlung auf Forderung = nur Forderungserwerb, § 401 BGB gilt nicht!

Zahlt er auf die Grundschuld, erwirbt er diese im Wege der cessio legis, §§ 1192 I, 1150, 268 III BGB. Zahlt er dagegen auf die Forderung, so erwirbt er nach § 268 III BGB auch nur diese! Die Grundschuld geht nicht nach § 401 BGB auf ihn über, denn die Vorschrift gilt nur für akzessorische Sicherheiten. 506

IV. Worauf wird gezahlt?

Zahlung auf Forderung oder Grundschuld?

Die bereits oben behandelten möglichen Rechtsfolgen von Zahlungen des Schuldners oder des Eigentümers auf Forderung oder Grundschuld lassen sich nur festlegen, wenn genau bestimmt werden kann, ob auf die Forderung oder auf das dingliche Recht gezahlt worden ist. 507

Einseitige Anrechnungsbestimmung nach § 366 I BGB analog primär zu beachten

Worauf die Zahlung erfolgt ist, bestimmt sich vornehmlich nach dem Willen des Zahlenden. Nach § 366 I BGB analog kann der Zahlende selbst bestimmen, worauf seine Zahlungen angerechnet werden sollen (sog. Anrechnungsbestimmung). 508

Anrechnungsabrede aus Sicherungsvertrag

Regelmäßig wird jedoch eine Verrechnungs- bzw. Anrechnungsabrede zwischen den Parteien im Sicherungsvertrag getroffen, in der ausdrücklich festgelegt wird, auf welches Recht sich etwaige Zahlungen beziehen sollen. 509

Allerdings ist zu beachten, dass eine ausdrückliche Anrechnungsbestimmung nach § 366 I BGB analog vorrangig ist, auch wenn sie abredewidrig erfolgt.

Bei fehlenden Anhaltspunkten: Auslegung und Interessenlage

Für den Fall, dass weder eine einseitige Anrechnungsbestimmung noch eine zweiseitige Anrechnungsabrede getroffen worden ist, wird durch Auslegung und unter Berücksichtigung des Sicherungszwecks und der Interessenlage ermittelt, worauf geleistet worden ist. 510

Dabei sind folgende Grundsätze zu beachten:

⇨ Zahlt der alleinige persönliche Schuldner, so wird er auf die Forderung leisten wollen.

⇨ Zahlt der alleinige Sicherungsgeber, so wird er auf die Grundschuld leisten wollen.

⇨ Zahlt der Schuldner, der zugleich Sicherungsgeber ist und besteht ein Kreditverhältnis aus laufender Rechnung oder eine Ratentilgungsvereinbarung, so wird er auf die Forderung leisten wollen, da der Kreditgeber sich nicht der Sicherheit begeben will, solange er nicht voll befriedigt ist.

⇨ Zahlt der Schuldner, der zugleich Sicherungsgeber ist, durch eine einzige Gesamtzahlung, so wird er auf die Forderung und die Grundschuld leisten wollen, da beide Parteien dann kein Interesse mehr an der Grundschuld haben.

hemmer-Methode: Lesen Sie dazu unbedingt Fall 40 in Hemmer/Wüst, Die 43 wichtigsten Fälle für Anfangssemester, Sachenrecht II.

Stichwortverzeichnis

Die Zahlen verweisen auf die Randnummern des Skripts

P

R

S

T

U

V

W

Z

2019 PRODUKTLISTE

REIHE INTELLIGENTES LERNEN

hemmer/wüst
Verlagsgesellschaft mbH
Mergentheimer Str. 44 / 97082 Würzburg
Tel.: 09 31 /7 97 82 38 / Fax: 09 31/7 97 82 40
www.hemmer-shop.de / verlag@hemmer.de

ISBN 978-3-86193

Grundwissen für Anfangssemester

ISBN 978-3-86193		Auflage/Jahr/Euro
GW10 (-732-6)	BGB-AT Theorieband zu den wicht. Fällen	9.A/18 · 9,90
GW11 (-782-1)	SchuldR-AT Theorieband zu den wicht. Fällen	8.A/18 · 9,90
GW12 (-775-3)	SchuldR-BT I Theorieband zu den wicht. Fällen	8.A/18 · 9,90
GW13 (-694-7)	SchuldR-BT II Theoriebd. zu den wicht. Fällen	7.A/18 · 9,90
GW14 (-598-8)	Sachenrecht I Theorieband zu den wicht. Fällen	7.A/17 · 9,90
GW15 (-455-4)	Sachenrecht II Theorieband zu den wicht. Fällen	6.A/16 · 9,90
GW20 (-770-8)	Strafrecht AT Theorieband zu den wicht. Fällen	8.A/18 · 9,90
GW21 (-594-0)	Strafrecht BT Theorieband zu den wicht. Fällen	6.A/17 · 9,90
GW30 (-545-2)	StaatsR Theorieband zu den wicht. Fällen	7.A/17 · 9,90
GW31 (-523-0)	VerwaltungsR Theorieband zu den wicht. Fällen	7.A/16 · 9,90

Die wichtigsten Fälle

DF1 (-700-5)	76 Fälle - BGB AT	10.A/18 · 12,80
DF2 (-613-8)	55 Fälle - Schuldrecht AT	10.A/17 · 12,80
DF3 (-691-6)	51 Fälle - Schuldrecht BT - Kauf/WerkV	10.A/18 · 12,80
DF4 (-518-6)	42 Fälle - GoA/Bereicherungsrecht	9.A/16 · 12,80
DF5 (-631-2)	45 Fälle - Deliktsrecht	8.A/17 · 12,80
DF6 (-810-1)	44 Fälle - Verwaltungsrecht	10.A/19 · 12,80
DF25 (-632-9)	30 Fälle - Verwaltungsrecht BT Bayern	5.A/17 · 12,80
DF7 (-709-8)	32 Fälle - Staatsrecht	11.A/18 · 12,80
DF8 (-763-0)	34 Fälle - Strafrecht AT	11.A/18 · 12,80
DF9 (-551-3)	44 Fälle Strafrecht BT I - Vermögensd.	10.A/17 · 12,80
DF10 (-618-3)	44 Fälle Strafrecht BT II - Nicht-Vermögensd.	9.A/17 · 12,80
DF11 (-715-9)	50 Fälle - Sachenrecht I	9.A/18 · 12,80
DF12 (-752-4)	43 Fälle - Sachenrecht II - ImmobiliarSR	10.A/18 · 12,80
DF13 (-813-2)	40 Fälle - ZPO I - Erkenntnisverfahren	9.A/19 · 12,80
DF14 (-738-8)	25 Fälle - ZPO II - ZwangsvollstreckungsV	8.A/18 · 12,80
DF15 (-707-4)	35 Fälle - Handelsrecht	8.A/18 · 12,80
DF16 (-767-8)	36 Fälle - Erbrecht	8.A/18 · 12,80
DF17 (-747-0)	26 Fälle - Familienrecht	9.A/18 · 12,80
DF18 (-680-0)	32 Fälle - Gesellschaftsrecht	7.A/18 · 12,80
DF19 (-783-8)	39 Fälle - Arbeitsrecht	8.A/18 · 12,80
DF20 (-533-9)	35 Fälle - Strafprozessrecht	6.A/16 · 12,80
DF21 (-701-2)	23 Fälle - Europarecht	6.A/18 · 12,80
DF22 (-682-4)	10 Fälle - Musterkl. Examen ZivilR	8.A/18 · 14,80
DF23 (-475-2)	10 Fälle - Musterkl. Examen StrafR	6.A/16 · 14,80
DF24 (-591-9)	8 Fälle - Musterkl. Examen SteuerR	9.A/17 · 14,80

Skripten Basics (110)

BI/1 (-776-0)	Zivilrecht I - BGB AT u.vertragl. SchuldV	11.A/18 · 16,90
BI/2 (-674-9)	Zivilrecht II - Sachenrecht/gesetzl. SV	9.A/18 · 16,90
BI/3 (-724-1)	Zivilrecht III - FamilienR/ErbR	9.A/18 · 16,90
BI/4 (-605-3)	Zivilrecht IV - ZivilprozessR	9.A/17 · 16,90
BI/5 (-777-7)	Zivilrecht V - Handels-/GesellschR	9.A/18 · 16,90
BI/6 (-522-3)	Zivilrecht VI - ArbeitsR	6.A/16 · 16,90
BII (-542-1)	Strafrecht	7.A/17 · 16,90
BIII/1 (-751-7)	Öffentliches Recht I -VerfassR/StaatsHR	7.A/18 · 16,90
BIII/2 (-388-5)	Öffentliches Recht II - VerwaltungsR	7.A/15 · 16,90
BIV (-733-3)	Steuerrecht - EstG & AO	10.A/18 · 16,90
BV (-512-4)	Europarecht	9.A/16 · 16,90

Sie erhalten unser ganzes Skripten-Sortiment auch als eBooks i unserem hemmer-shop: www.hemmer-shop.de/ebooks

Skripten Zivilrecht (120)

ISBN 978-3-86193		Auflage/Jahr/Eu
1 (-727-2)	BGB-AT I, Ensteh.d.Primäranspruchs	15.A/18 · 19
2 (-728-9)	BGB-AT II, Scheitern des Primäranspr.	15.A/18 · 19
3 (-659-6)	BGB-AT III, Erlösch.d. Primäranspruchs	14.A/17 · 19
4 (-818-7)	Schadensersatzrecht I	9.A/19 · 19
5 (-492-9)	Schadensersatzrecht II	7.A/16 · 19
6 (-532-2)	Schadensersatzrecht III (§§ 249 ff.)	12.A/17 · 19
7 (-342-7)	Verbraucherschutzrecht	4.A/14 · 19
51 (-624-4)	Schuldrecht AT	11.A/17 · 19
52 (-683-1)	Schuldrecht BT I	10.A/18 · 19
53 (-772-2)	Schuldrecht BT II	11.A/18 · 19
8 (-765-4)	Bereicherungsrecht	16.A/18 · 19
9 (-697-8)	Deliktsrecht I	13.A/18 · 19
10 (-581-0)	Deliktsrecht II	10.A/17 · 19
11 (-619-0)	Sachenrecht I	14.A/17 · 19
12 (-737-1)	Sachenrecht II	12.A/18 · 19
12A (-642-8)	Sachenrecht III	13.A/17 · 19
13 (-803-3)	Kreditsicherungsrecht	13.A/19 · 19
14 (-483-7)	Familienrecht	13.A/16 · 19
15 (-788-3)	Erbrecht	14.A/18 · 19
16 (-606-0)	Zivilprozessrecht I	13.A/17 · 19
17 (-633-6)	Zivilprozessrecht II	12.A/17 · 19
18 (-717-3)	Arbeitsrecht	16.A/18 · 19
19A (-462-2)	Handelsrecht	11.A/16 · 19
19B (-579-7)	Gesellschaftsrecht	14.A/17 · 19
31 (-450-9)	Herausgabeansprüche	7.A/16 · 19
32 (-254-3)	Rückgriffsansprüche	7.A/13 · 19

Skripten Strafrecht (120)

20 (-812-5)	Strafrecht AT I	14.A/19 · 19
21 (-671-8)	Strafrecht AT II	13.A/17 · 19
22 (-722-7)	Strafrecht BT I	13.A/18 · 19
23 (-711-1)	Strafrecht BT II	13.A/18 · 19
30 (-675-6)	Strafprozessordnung	12.A/17 · 19

Skripten Öffentliches Recht (120/130)

24 (-734-0)	Verwaltungsrecht I	14.A/18 · 19
25 (-630-5)	Verwaltungsrecht II	13.A/17 · 19
26 (-597-1)	Verwaltungsrecht III	13.A/17 · 19
27 (-524-7)	Staatsrecht I	12.A/16 · 19
28 (-791-3)	Staatsrecht II	10.A/18 · 19
29 (-655-8)	Europarecht	13.A/17 · 19
40 (-729-6)	Staatshaftungsrecht	5.A/18 · 19
33 (-662-6)	Baurecht/Bayern	12.A/17 · 19
33 (-505-6)	Baurecht/Nordrhein-Westfalen	9.A/16 · 19
33 (-666-4)	Baurecht/Baden-Württembg.	5.A/17 · 19
33 (-331-1)	Baurecht/Hessen	2.A/14 · 19
33 (-847-0)	Baurecht/Saarland	1.A/08 · 19
34 (-736-4)	Polizeirecht Bayern	11.A/18 · 19
34 (-698-5)	Polizei- u. Ordnungsrecht/NRW	6.A/18 · 19
34 (-432-5)	Polizeirecht/Baden-Württembg.	4.A/15 · 19
34 (-417-2)	Polizei- u. Ordnungsrecht/Hessen	2.A/15 · 19
34 (-028-0)	Polizei- u. Ordnungsrecht/Rheinl.-Pfalz	1.A/11 · 19
34 (-877-7)	Polizei- u. Sicherheitsrecht/Saarland	1.A/09 · 19
35 (-719-7)	Kommunalrecht/Bayern	11.A/18 · 19
35 (-076-1)	Kommunalrecht/NRW	8.A/11 · 19
35 (-541-4)	Kommunalrecht/Baden-Württembg.	5.A/17 · 19